Psychotherapie-Ethik

Standards der Psychotherapie
Band 4

Psychotherapie-Ethik

PD Dr. Dr. Manuel Trachsel, Prof. Dr. Jens Gaab, Prof. Dr. Dr. Nikola Biller-Andorno

Herausgeber der Reihe:

Prof. Dr. Martin Hautzinger, Prof. Dr. Kurt Hahlweg,
Prof. Dr. Jürgen Margraf, Prof. Dr. Winfried Rief

Manuel Trachsel
Jens Gaab
Nikola Biller-Andorno

Psychotherapie-Ethik

hogrefe

PD Dr. med. Dr. phil. Manuel Trachsel, geb. 1982. Studium der Medizin, Psychologie und Philosophie/Ethik in Bern. Seit 2014 Oberassistent am Institut für Biomedizinische Ethik und Medizingeschichte der Universität Zürich. Forschungsschwerpunkte: Ethik und Philosophie der Psychiatrie und Psychotherapie, Schnittbereich zwischen Psychiatrie und Palliative Care, Einwilligungsfähigkeit und Informierte Einwilligung.

Prof. Dr. Jens Gaab, geb. 1970. Studium der Psychologie in Trier. Seit 2011 Professor für Klinische Psychologie und Psychotherapie und Leiter der gleichnamigen Abteilung an der Fakultät für Psychologie der Universität Basel. Forschungsschwerpunkte: Placebo und Psychotherapie sowie deren Beziehung und etwaige wissenschaftliche, praktische und ethische Implikationen.

Prof. Dr. med. Dr. phil. Nikola Biller-Andorno, geb. 1971. Studium der Medizin, Philosophie, Psychologie und Soziologie in Erlangen-Nürnberg und Hagen. Seit 2005 Professorin und Direktorin des Instituts für Biomedizinische Ethik und Medizingeschichte der Universität Zürich. Forschungsschwerpunkte: Ethische Fragen an der Schnittstelle von Gesundheitsversorgung, -management und -ökonomie; narrative Ethik.

Bibliografische Information der Deutschen Nationalbibliothek
Die Deutsche Nationalbibliothek verzeichnet diese Publikation in der Deutschen Nationalbibliografie; detaillierte bibliografische Daten sind im Internet über http://dnb.dnb.de abrufbar.

Hogrefe Verlag GmbH & Co. KG
Merkelstraße 3
37085 Göttingen
Deutschland
Tel. +49 551 999 50 0
Fax +49 551 999 50 111
verlag@hogrefe.de
www.hogrefe.de

Satz: Matthias Lenke, Weimar
Druck: Media-Print Informationstechnologie GmbH, Paderborn
Printed in Germany
Auf säurefreiem Papier gedruckt

1. Auflage 2018

(E-Book-ISBN [PDF] 978-3-8409-2841-3; E-Book-ISBN [EPUB] 978-3-8444-2841-4)
ISBN 978-3-8017-2841-0
http://doi.org/10.1026/02841-000

Inhaltsverzeichnis

Einleitung

Die Medical Humanities als begleitende Wissenschaften werden für die medizinischen Wissenschaften immer wichtiger. Darunter nimmt die Ethik, welche sich seit geraumer Zeit als eigenes Fach etabliert hat, eine zentrale Stellung ein. Längst gibt es an vielen Medizinischen Fakultäten Lehrstühle für Medizinethik und für Studierende der Humanmedizin sind Ethikkurse inzwischen Standard.

Auch in der Psychotherapie werden seit den Anfängen immer wieder ethische Themen diskutiert. Allerdings hat sich im Psychologiestudium sowie in den psychotherapeutischen Aus- und Weiterbildungen die systematische Vermittlung von Psychotherapie-Ethik noch nicht durchgesetzt, obwohl der Bedarf klar gegeben wäre.

Im deutschsprachigen Raum existiert sehr wenig geeignete Literatur als Basis- oder Nachschlagewerke für praktizierende Psychotherapeuten für das Fach der Psychotherapie-Ethik. Im englischsprachigen Raum hingegen gibt es mehrere qualitativ hochstehende Referenzwerke (siehe z.B. Pope & Vasquez, 2010; Welfel, 2013; Keith-Spiegel, 2014). Diese liegen jedoch leider nicht in deutscher Sprache vor und wurden für die amerikanische Psychotherapie-Landschaft konzipiert. Im deutschsprachigen Raum existiert bislang kein *kompaktes, fallbasiertes und leserfreundliches Übersichtsbuch* zur Psychotherapie-Ethik. Diese Lücke wollen wir mit dem vorliegenden Band schließen.

Anliegen, Methodik und Aufbau des Buches

Ethik als professionelle Kompetenz

Ethische Fragen und Konflikte sind Teil des psychotherapeutischen Alltags. Kenntnisse und Kompetenzen im Bereich der Ethik sind somit Voraussetzung für eine professionelle Praxis. Entsprechend befassen sich verschiedene Kodizes im Bereich der Psychotherapie explizit mit ethischen Fragen und fordern die Übernahme von Verantwortung für eine sachgerechte Auseinandersetzung im Rahmen der beruflichen Tätigkeit.

Meta Code of Ethics der European Federation of Psychologists' Associations (EFPA, 2005)

- *Art. 3.2.1:* Obligation to have a good knowledge of ethics, including the Ethical Code, and the integration of ethical issues with professional practice.
- *Art. 3.3.6:* Recognition that ethical dilemmas occur and responsibility is placed upon the psychologist to clarify such dilemmas and consult colleagues and/or the national Association, and inform relevant others of the demands of the Ethical Code.

Nachholbedarf bei Psychotherapeuten

Zugleich äußern Psychotherapeuten einen erheblichen Nachholbedarf an ethischer Orientierung (Rabenschlag, Steinauer, Heimann & Reiter-Theil, 2014). Das Spektrum relevanter Fragestellungen ist breit und umfasst Themen wie die Anwendung von Zwang, Grenzen der Schweigepflicht und Zeitknappheit im Umgang mit Patienten. Während in der Psychiatrie ethische Fragen schon länger in Lehrbüchern, Richtlinien und anderen normativen Texten behandelt werden, ist die Ethik in der Psychotherapie noch deutlich weniger ausgearbeitet. Psychiatrie-ethische Texte hingegen behandeln das psychotherapeutische Setting eher am Rande.

An dieser Stelle setzt das vorliegende Buch an: Es fokussiert auf ethische Fragen und Herausforderungen, die in der psychotherapeutischen Praxis entstehen und illustriert diese mit Fallbeispielen, die aus der Alltagspraxis stammen. Eingestreute Textkästen vertiefen relevante ethische Konzepte. Diese Herangehensweise möchte vermitteln, wie sehr ethische Überlegungen mit dem klinischen Alltag verwoben sind. Das Ziel ist eine praxisnahe Diskussion, die ethische Abwägungen nicht als separates Phänomen, sondern als integrativen Bestandteil psychotherapeutischer Praxis versteht.

Für das Buch wurde neben den drei Autoren eine Begleitgruppe aus zehn erfahrenen Psychotherapeuten aus dem deutschsprachigen Raum zusammengestellt. Die Begleitgruppe setzte sich aus Fachpersonen unterschiedlicher psychotherapeutischer Orientierung zusammen. Folgende Fachpersonen mit Spezialisierung in personenzentrierten, psychodynamischen, kognitiv-verhaltenstherapeutischen und systemischen Ansätzen waren in der Begleitgruppe vertreten:

- Rainer Bürki, Privatpraxis, Zürich, Schweiz,
- Annette Cina, Université de Fribourg, Fribourg, Schweiz,
- Daniel Hell, Stiftung Privatklinik Hohenegg, Meilen, Schweiz,
- Imke Knafla, Institut für angewandte Psychologie, Zürcher Hochschule für Angewandte Wissenschaften, Zürich, Schweiz,
- Batya Licht, Sanatorium Kilchberg, Schweiz,
- Vera Luif, freie Praxis, Zürich, Schweiz,

- Simone Munsch, Université de Fribourg, Fribourg, Schweiz,
- Stefanie Neubrand, sysTelios Klink, Wald-Michelbach, Deutschland,
- Binia Roth, Praxisgemeinschaft Schlüsselberg, Basel, Schweiz,
- Daniel Sollberger, Psychiatrie Baselland, Liestal, Schweiz.

Die Begleitgruppe hat in einem ersten Schritt die wichtigsten ethischen Themen in der Psychotherapie bestimmt und anschließend zu den ausgewählten Themen klinische Fallbeispiele beigesteuert. Die im vorliegenden Buch diskutierten psychotherapie-ethischen Themen, Herausforderungen und Probleme wurden von der Begleitgruppe direkt aus ihrer klinischen Praxis generiert.

Sensibilisierung für ethische Fragen

Der Aufbau des Buches orientiert sich an diesen wichtigsten ethischen Themen in der Psychotherapie. Diese Fokussierung zielt auf die Sensibilisierung der Psychotherapeuten für ethische Fragen und soll eine Basis schaffen, auf der Psychotherapeuten bei der Beurteilung moralischer Fragen in der eigenen psychotherapeutischen Praxis aufbauen können.

Fälle aus der Praxis

Jedes Kapitel beginnt mit einem oder mehreren Fallbeispielen, die eine besondere ethische Frage aufwerfen. Im Anschluss an die Darstellung der jeweiligen ethischen Grundlagen zum Thema in jedem Kapitel werden die Fallbeispiele in abschließenden Subkapiteln unter dem Titel *Reprise des Falls* noch einmal aufgenommen und diskutiert.

Vertiefung ethischer Begriffe und Theorien

Ein weiteres Element des Buches bilden in die einzelnen Kapitel eingestreute Textkästen, in denen folgende prominente ethische Theorien, Begriffe und Modelle vertieft werden:

- Prinzipien der biomedizinischen Ethik nach Beauchamp und Childress,
- Moral versus Recht,
- Deontologie und Konsequentialismus,
- Tugendethik,
- Care-Ethik,
- Einwilligungsfähigkeit,
- das Dammbruch-Argument,
- Paternalismus,
- Shared decision making,
- Ziviler Ungehorsam,

Berufsethische Richtlinien

Zusätzlich wird an verschiedenen Stellen im Buch in grau hinterlegten Textkästen der Bezug zu den berufsethischen Richtlinien oder Standesregeln der wichtigsten psychotherapeutischen Berufsverbände in Deutschland, Österreich und der Schweiz sowie der European Federation of Psychologists' Associations (EFPA) hergestellt.

Ziele des Bandes

- Einen kompakten und fallbasierten Überblick zu ethischen Fragen und Herausforderungen im psychotherapeutischen Kontext zu liefern, welcher zur systematischen Vermittlung von Psychotherapie-Ethik im Psychologiestudium sowie in der psychotherapeutischen Aus- und Weiterbildung eingesetzt werden kann.
- Vertiefung prominenter ethischer Theorien, Begriffe und Modelle sowie Bezugnahme auf berufsethische Richtlinien und Standesregeln.
- Sensibilisierung von Psychotherapeuten für ethische Fragen, die eine Basis für die Beurteilung moralischer Fragen in der eigenen psychotherapeutischen Praxis schafft.

Danksagung

Hiermit möchten wir den Mitgliedern unserer Begleitgruppe danken, mit denen wir die wichtigsten Themen dieses Buches bestimmt haben. Jedes der folgenden Mitglieder hat einen Fall aus der klinischen Praxis beigesteuert: lic. phil. Rainer Bürki, Dr. phil. Annette Cina, Prof. em. Dr. med. Daniel Hell, Dr. phil. Imke Knafla, Dr. phil. Batya Licht, Dr. phil. Vera Luif, Prof. Dr. phil. Simone Munsch, M. Sc. Stefanie Neubrand, Dr. phil. Binia Roth und PD Dr. med. Dr. phil. Daniel Sollberger. Unser Dank geht auch an Dr. iur. Tobias Zürcher, der den Textkasten zum Verhältnis zwischen Recht und Ethik auf seine juristische Korrektheit überprüft hat und an Barbara Trachsel für die kritische Durchsicht des ganzen Manuskripts.

Zürich, im Frühjahr 2018

Manuel Trachsel, Jens Gaab und
Nikola Biller-Andorno

1 Ethik als Grundkompetenz von Psychotherapeuten

Ethik versus Moral

Der Begriff der Ethik ist von einer Reihe weiterer Termini zu unterscheiden. Während im englischsprachigen Umfeld „ethical" und „moral" häufig austauschbar verwendet werden, bezieht sich im Deutschen „Moral" in der Regel auf individuelle Werthaltungen einer Person. Unter „Ethos" werden die moralischen Werthaltungen einer Personengemeinschaft verstanden, zum Beispiel das psychologische oder ärztliche Berufsethos. Die Werthaltungen einer Personengemeinschaft können in Normen festgehalten werden, zum Beispiel in Richtlinien, in einer beruflichen Standesordnung oder in Gesetzen (siehe Kasten zu Moral versus Recht auf den Seiten 47 bis 48).

Ethik als Wissenschaft

„Ethik" hingegen meint die wissenschaftliche Auseinandersetzung mit moralischen Werthaltungen oder gesellschaftlichen Normen. Moralische Aussagen – wie etwa „Sterbehilfe ist moralisch unzulässig und sollte verweigert werden" – werden kritisch reflektiert und zugrunde liegende Argumente auf logische Konsistenz und (empirische) Stichhaltigkeit geprüft – zum Beispiel „sonst wäre Euthanasieprogrammen für Betagte und Kranke Tür und Tor geöffnet" (siehe Kasten zum Dammbruch-Argument auf Seite 68). Ethik ist in diesem Sinne selbst nicht eine Moral; vielmehr ist Moral ihr Untersuchungsgegenstand. Medizinethik ist entsprechend die Wissenschaft vom moralischen Urteilen und Handeln im Gesundheitswesen.

Ethische Theorien

Wie in anderen Wissenschaften gibt es auch in der Ethik mehrere Theorien, die teilweise in einem Spannungsverhältnis zueinanderstehen (siehe dazu z. B. den Kasten zu Deontologie und Konsequentialismus auf den Seiten 92 bis 93). Um die Suche nach fundierten Antworten auf ethische Fragen in der klinischen Praxis nicht zu überfrachten und damit zeitnahe Lösungsvorschläge zu verunmöglichen, wurde ein Set an Prinzipien – Respekt vor der (Patienten-)Autonomie, Nichtschaden, Wohltun und Gerechtigkeit – formuliert, das theorieunabhängig eine erste analytische Annäherung an viele psychotherapie-ethische Konflikte erlaubt (siehe Kasten zur Prinzipienethik auf den Seiten 10 bis 11). Von Bedeutung ist auch die Idee des sogenannten reflexiven Gleichgewichts: Wohlerwogene Einzelurteile können unser Verständnis von Prinzipien und übergeordneten Ethik-Theorien erhellen und umgekehrt, so dass ethische Reflexion sowohl ein induktives, fallbasiertes als auch ein deduktives, theoriegeleitetes Element umfasst (Daniels, 2016).

Zwischenmenschliche Beziehungen

Zugleich gilt es immer, relevante zwischenmenschliche Beziehungen mit zu reflektieren. Über die Beziehung zwischen Psychotherapeut und Patient hinaus, rücken vielfach Beziehungen zu und zwischen Angehörigen sowie interprofessionellen Versorgungsteams in den Blick. Ein wichtiges Thema in der Ausgestaltung der Psychotherapie-Beziehung ist die Balance zwischen dem Respekt vor der Selbstbestimmung der Patienten und der Fürsorge (siehe dazu auch den Kasten zu Paternalismus auf Seite 100 sowie den Kasten zur Einwilligungsfähigkeit auf den Seiten 14 bis 15).

Shared decision making

Grundsätzlich entscheiden einwilligungsfähige Patienten selbst darüber, ob sie das Angebot einer psychotherapeutischen Intervention in Anspruch nehmen möchten oder nicht. Aufgrund der Informationsasymmetrie und da einwilligungsfähige Patienten zwar ein Ablehnungsrecht, aber nicht notwendigerweise einen Anspruch auf eine von ihnen gewünschte Behandlung haben, wird vielfach die gemeinsame oder partizipative Entscheidungsfindung (*shared decision making*; siehe Kasten auf Seite 17) als Goldstandard propagiert – ein Prozess, in welchem Fachpersonen und Patienten gemeinsam Entscheidungen treffen und bei dem Werte und Präferenzen der Patienten einfließen (z. B. Drake, Cimpean & Torrey, 2009).

Modelle der Entscheidungsfindung

Es gibt zahlreiche Modelle, die sich für die ethische Entscheidungsfindung im konkreten Fall anbieten. Dabei ist sekundär, welches Modell zum Einsatz kommt oder ob ein selbst entwickeltes Schema präferiert wird. Wichtig ist, dass ein – üblicherweise in mehreren Schritten organisiertes – Modell sowohl ein Ordnungsschema für die Überlegungen als auch eine gewisse Flexibilität bietet. Gerade schwierigere Fälle können oft nicht linear „durchdekliniert" werden, sondern benötigen mehrere Durchgänge innerhalb der Schrittabfolge. Des Weiteren sollten nicht allein rationale Erwägungen, sondern auch intuitive Reaktionen registriert und der kritischen Reflexion zugeführt werden. Ziel der Entscheidungsfindung ist in aller Regel, eine begründete Handlungsoption zu erarbeiten, die anschließend im klinischen Alltag vertreten werden kann. Dabei sollte auch klar sein, ob sich die präferierte Handlungsoption im vorgegebenen normativ-rechtlichen Rahmen bewegt.

Klinische Ethikberatung

Die klinische Ethikberatung in der Psychotherapie ist noch kaum institutionalisiert. Das mag zum Teil daran liegen, dass sich Ethikberatungsstrukturen primär im stationären Setting entwickelt haben und Psychotherapie vor allem ambulant stattfindet. Allerdings gibt es inzwischen auch Initiativen, Ethikstrukturen für den ambulanten Bereich zu entwickeln. Eine weitere Herausforderung für klinische Ethikberatung in der Psychotherapie neben den Versorgungsstrukturen ist die Heterogenität der Anbieter, die zum einen unterschiedlichen Professionen angehören und zum anderen auch unterschiedliche Ausbildungen durchlaufen haben. Die Abstimmung von Verfahrensvorschlägen für die Ethikberatung oder die Formulierung eines gemeinsamen Kanons zugrunde liegender Normen wird so ein deutlich komplexeres

Unterfangen. Schließlich ist auch das Spektrum an Patienten sehr breit, sowohl was den Schweregrad der Beeinträchtigung als auch den Grund für die Psychotherapie selbst betrifft.

Moralische Sensibilität als Grundkompetenz

Bei der Integration der Ethik in die Psychotherapie geht es nicht allein, und nicht einmal primär darum, Expertenwissen für hochspezialisierte Entscheide zu treffen. Im Vordergrund steht vielmehr die Ethik und eine moralische Sensibilität als Grundkompetenz psychotherapeutischen Handelns. Dabei gibt es zwar eine Wissensebene, die die Vertrautheit mit moralphilosophischen Grundbegriffen, unterschiedlichen Ethikkonzepten inhaltlicher und prozeduraler Art sowie relevanter Gesetze, Richtlinien und Kodizes voraussetzt. Mindestens genauso relevant sind jedoch praktische Kompetenzen wie die Fähigkeit, moralische Fragen im Alltag zu identifizieren und zu artikulieren; eigene moralische Positionen zu reflektieren, weiterzuentwickeln und argumentativ zu vertreten; die Sichtweisen und Interessen anderer Beteiligter – auch anderer Berufsgruppen im Gesundheitswesen – zu erkennen und zu berücksichtigen; sowie Entscheidungen ethisch zu begründen, zu kommunizieren und umzusetzen (Biller-Andorno, Neitzke, Frewer & Wiesemann, 2003). Auf der Ebene von Einstellungen und Haltungen schließlich möchte Psychotherapie-Ethik auf die Bereitschaft zur Übernahme von Verantwortung, auf Respekt und Toleranz, auf Fürsorglichkeit, Empathie und Mitgefühl sowie auf intellektuelle Redlichkeit, Wahrhaftigkeit und Verlässlichkeit hinwirken (Biller-Andorno et al., 2003). Mindestens ebenso wichtig wie theoretisches Wissen sind für die Ethik in der Psychotherapie also moralische Sensibilität und praktische Fähigkeiten, die erforderlich sind, um in konkreten Situationen auf gutem Wege zu angemessenen Lösungen zu kommen.

2 Patientenaufklärung, Einwilligungsfähigkeit und informierte Einwilligung

„Der Senkrechtstart" – Fallbeispiel modifiziert übernommen aus grosse Holtforth und Krieger (2014)

Herr F., 48 Jahre alt, zweifach geschieden, von Beruf Angestellter bei einer großen Lebensmittelfirma, begann mit der Hauptdiagnose einer schweren, rezidivierenden depressiven Episode eine Psychotherapie, nachdem er sich in seiner Verzweiflung bei einem Psychotherapeuten gemeldet hatte. Dieser war ihm von seinem Bruder empfohlen worden, der mit diesem Therapeuten gute Erfahrungen gemacht hatte. Nach der Begrüßung und dem Bericht seiner Beschwerden fing der Psychotherapeut umgehend an, nach dem Vorkommen von bestimmten situativen Auslösern seiner Beschwerden zu fragen, da man dort therapeutisch gleich ansetzen könne. Auf Nachfrage des Patienten erklärte der Psychotherapeut, dass dies für die Behandlung von zentraler Bedeutung sei, da sein therapeutischer Ansatz vor allem auf das Verhalten des Patienten fokussiere. Herr F. war einerseits froh und andererseits erstaunt darüber, dass die Therapie bereits beim ersten Termin unmittelbar begann, obwohl Herr F. über die Art und den Ablauf der Psychotherapie praktisch noch nichts wusste. Der Patient klagte darüber, sich blockiert und niedergeschlagen zu fühlen, keine Freude mehr am Leben zu haben und alles schwarz zu sehen. Dies wirke sich negativ auf seine Partnerschaft und seinen Job aus. Er unternehme nichts mehr, außer Zeit mit seinen zwei Hunden zu verbringen, da er mit anderen Menschen nichts mehr anfangen könne. Der Patient sei als Einzelkind in einem kleinen Dorf aufgewachsen. Sein Vater hätte sehr wenig Zeit für ihn gehabt, und die Mutter habe ihn praktisch nur kritisiert. In seiner Jugend habe Herr F. begonnen, das Gesetz zu brechen, habe Nachbarn bestohlen und wurde zweimal wegen Handel mit Cannabis durch das Jugendgericht verurteilt. Bereits mit 18 Jahren sei Herr F. zu Hause ausgezogen.

2.1 Die ethische Pflicht zur informierten Einwilligung

Aus der Fallbeschreibung geht hervor, dass Herr F. über die Art der Psychotherapie praktisch nichts wusste, obwohl die Therapie bereits begonnen hatte. Es finden sich beispielsweise keine Angaben dazu, ob Herr F. vor Beginn der Psychotherapie über den psychotherapeutischen Ansatz (z.B. Kognitive Verhaltenstherapie oder Systemische Therapie), über die angewandten Techniken (z.B. Exploration, Übungen, Hausaufgaben, Expositionen), mögliche positive erwünschte oder negative unerwünschte Nebenwirkungen, die Evidenzbasis sowie postulierte Wirkmechanismen der Psychotherapie aufgeklärt wurde. Dies erstaunt nicht, da eine solche Aufklärung in der Praxis lange nicht überall Routine ist (Trachsel, grosse Holtforth, Biller-Andorno & Appelbaum, 2015) und Psychotherapien oft ohne formelle *informierte Einwilligung* (informed consent) des Patienten beginnen (Dsubanko-Obermayr & Baumann, 2010). Inwieweit Patienten in eine Behandlung explizit einwilligen sollen oder müssen, ist einerseits eine rechtliche und andererseits eine ethische Frage.

Informierte Einwilligung als rechtliche Pflicht

Aus rechtlicher Sicht ist jede medizinische oder psychologische Behandlung ohne Einwilligung entweder ein strafbarer Eingriff in die körperliche Integrität oder in die Persönlichkeitsrechte des Patienten. Aus ethischer Sicht entspricht eine Behandlung ohne gültige informierte Einwilligung immer einer paternalistischen Handlung, welche einer weiteren Rechtfertigung bedarf (siehe Kasten zu Paternalismus auf Seite 100). In Deutschland regelt seit 2013 das Gesetz zur Verbesserung der Rechte von Patientinnen und Patienten die informierte Einwilligung und die zugehörige Aufklärungspflicht:

> Der Behandelnde ist verpflichtet, den Patienten über sämtliche für die Einwilligung wesentlichen Umstände aufzuklären. Dazu gehören insbesondere Art, Umfang, Durchführung, zu erwartende Folgen und Risiken der Maßnahme sowie ihre Notwendigkeit, Dringlichkeit, Eignung und Erfolgsaussichten im Hinblick auf die Diagnose oder die Therapie. Bei der Aufklärung ist auch auf Alternativen zur Maßnahme hinzuweisen, wenn mehrere medizinisch gleichermaßen indizierte und übliche Methoden zu wesentlich unterschiedlichen Belastungen, Risiken oder Heilungschancen führen können (§ 630e).

Informierte Einwilligung als moralische Pflicht

Dass vor Beginn jeder Behandlung eine informierte Einwilligung eingeholt wird, verlangen neben den spezifischen rechtlichen Regelungen auch die ethischen Prinzipien des Respekts vor der Patienten-Selbstbestimmung/Patienten-Autonomie und des Nichtschadens/Patientenschutzes. Eine Einführung in die Grundlagen der biomedizinischen Ethik respektive in die Prinzipienethik von Beauchamp und Childress (2013) findet sich im folgenden Textkasten.

Modell der Prinzipienethik nach Beauchamp und Childress (2013)

Prinzipien der biomedizinischen Ethik

Das Modell der Prinzipienethik ist als Orientierungsrahmen besonders attraktiv für die Medizinethik und damit auch für die Psychotherapie-Ethik, weil es für sich in Anspruch nimmt, grundsätzlich undogmatisch und offen gegenüber Verfechtern aller Ethiktheorien, liberal, transparent und rational zu sein (vgl. Arras, 2007). In dieser Hinsicht unterscheidet sich dieses Modell von den grundlegenden Theorien der normativen Ethik wie der Deontologie oder dem Konsequentialismus (siehe Kasten auf den Seiten 92 bis 93).

Beauchamp und Childress (2013) führten vier grundlegende medizinethische Prinzipien ein, die sie als von den allermeisten Personen in allen Kulturen geteilt und somit als Bestandteile einer „allgemein geteilten Moral" (common morality) erachten:

1. *Respekt vor Autonomie* (autonomy): Dieses Prinzip „beinhaltet die Verpflichtung, das Vermögen von Personen zu selbstbestimmten Entscheidungen anzuerkennen und zu fördern" (Rauprich, 2005, S. 20).
2. *Fürsorge/Wohltun* (beneficence): Dieses Prinzip beinhaltet die „positive Verpflichtung – also das Gebot – Handlungen durchzuführen, die das Wohlergehen anderer Personen fördern, die andere Personen davor bewahren, Schaden zu erleiden oder die einen erlittenen Schaden oder Nachteil anderer Personen wiedergutmachen oder kompensieren" (Rauprich, 2005, S. 19). Das Fürsorge-Prinzip beinhaltet auch das Abwägen von Vor- und Nachteilen, von Wirkungen und Nebenwirkungen oder von Chancen und Risiken medizinischer respektive psychotherapeutischer Behandlungen mit dem Ziel, stets diejenige Handlungsoption zu wählen, die voraussichtlich am meisten Wohl für den Patienten hervorbringt.
3. *Nichtschaden* („primum non nocere", non-maleficence): Dieses grundlegende Prinzip der Medizinethik „beinhaltet die negative Verpflichtung – also das Verbot – Handlungen durchzuführen, die anderen Personen schaden" (Rauprich, 2005, S. 20). Nach Beauchamp und Childress (2013) hat dieses Prinzip im Unterschied zum Fürsorge-Prinzip den Charakter, dass es universell angewendet werden kann. Das heißt, es ist grundsätzlich immer möglich, niemandem zu schaden, wohingegen es unmöglich ist, allen Menschen Gutes zu tun. Ein weiterer Unterschied zum Fürsorgeprinzip besteht darin, dass ein Verstoß gegen das Prinzip des Nichtschadens oft juristische Sanktionen rechtfertigt (siehe Kasten zu Moral versus Recht auf den Seiten 47 bis 48).
4. *Gerechtigkeit* (justice): Dieses Prinzip „beinhaltet die Verpflichtung einer fairen Verteilung von Nutzen und Lasten im Gesundheitswesen" (Rauprich, 2005, S. 21).

Die vier Prinzipien werden für die Beurteilung eines breiten Spektrums medizinethischer Fragestellungen herangezogen. Sie bilden ein begriffliches

Gerüst für die Darstellung und Analyse von Fällen (Beauchamp & Childress, 2013). Es liegt in der Natur eines solchen Gerüsts, dass es der Anreicherung mit konkreten Inhalten bedarf, damit es nicht rein abstrakt bleibt. Bei der Beurteilung eines spezifischen medizinethischen Problems werden diese vier relativ abstrakten Prinzipien nun also zuerst mit Inhalt gefüllt und anschließend im Rahmen einer *moralischen Güterabwägung* gewichtet.

Das Prinzip des Respekts vor Autonomie ist beispielsweise für sich betrachtet wenig problematisch, solange ein Patient Entscheidungen trifft, die zu seinem Wohl sind und keine Tabus oder rechtlichen Vorgaben verletzt. Sobald es jedoch fraglich ist, ob eine Entscheidung vernünftig oder gut für den Patienten ist oder ihm gar schadet, oder wenn der Patient Bedürfnisse und moralische Werte zum Ausdruck bringt, die von anderen nicht geteilt werden, wird das Prinzip des Respekts vor der Autonomie als eigenständiges Prinzip herausgefordert (Rauprich, 2005) und es tritt in Konkurrenz zu anderen Prinzipien wie dem Prinzip der Fürsorge oder des Nichtschadens. Hier beginnt die Güterabwägung, im Rahmen derer entschieden werden muss, ob die Selbstbestimmung des Patienten weiterhin respektiert wird oder ob zum Patientenschutz und zur Fürsorge gegenüber dem Patienten paternalistisch eingegriffen werden muss (siehe Kasten zu Paternalismus auf Seite 100).

Berufsethische Richtlinien: Die Prinzipien der biomedizinischen Ethik

- *Meta Code of Ethics der European Federation of Psychologists' Associations (EFPA, 2005):*

  Art. 2.3: Psychologists avoid doing harm and are responsible for their own actions, and assure themselves, as far as possible, that their services are not misused.

  Art. 3.1.4 (i): Maximisation of the autonomy of and self-determination by a client, including the general right to engage in, and to end the professional relationship with a psychologist while recognising the need to balance autonomy with depencency and collective actions.

- *Muster-Berufsordnung für die Psychologischen Psychotherapeutinnen und Psychotherapeuten der deutschen Bundespsychotherapeutenkammer (BPtK, 2007):*

  Art. 3 (2): Bei der Berufsausübung sind die international anerkannten ethischen Prinzipien zu beachten, insbesondere die Autonomie der Patienten zu respektieren, Schaden zu vermeiden, Nutzen zu mehren und Gerechtigkeit anzustreben.

- *Berufsordnung der Föderation der Schweizer Psychologinnen und Psychologen (FSP, 2011):*

  Präambel (1): Die Mitglieder achten und schützen die Grundrechte, die Würde und den Wert aller Menschen. Sie respektieren insbesondere deren Recht auf Autonomie und Selbstbestimmung, auf Vertraulichkeit und Privatsphäre.

  Art. 4: Mitglieder beugen vorhersehbaren und vermeidbaren Schäden vor.

2.2 Elemente der informierten Einwilligung in der Psychotherapie

Elemente der informierten Einwilligung

Die klassischen Elemente einer gültigen informierten Einwilligung sind (1) Aufklärung über relevante Inhalte, (2) Freiwilligkeit, (3) Informationsverständnis, (4) Einwilligungsfähigkeit/Urteilsfähigkeit und (5) die explizite Zustimmung seitens des Patienten (Beauchamp & Childress, 2013). Im vorliegenden Kapitel wird primär das Element der Patientenaufklärung thematisiert. Zum Element der Einwilligungsfähigkeit siehe Kasten auf den Seiten 14 bis 15.

Berufsethische Richtlinien: Informierte Einwilligung

- *Meta Code of Ethics der European Federation of Psychologists' Associations (EFPA, 2005):*

  Art. 3.1.3: Clarification and continued discussion of the professional actions, procedures and probable consequences of the psychologist's actions to ensure that a client provides informed consent before and during psychological intervention.

- *Muster-Berufsordnung für die Psychologischen Psychotherapeutinnen und Psychotherapeuten der deutschen Bundespsychotherapeutenkammer (BPtK, 2007):*

  Art. 7 (1): Jede psychotherapeutische Behandlung bedarf der Einwilligung und setzt eine Aufklärung voraus.

- *Ethische Richtlinien der Deutschen Gesellschaft für Psychologie und des Berufsverbands Deutscher Psychologinnen und Psychologen (DGPs und BDP, 2005):*

  Kapitel D.I.2: Psychologen müssen ihre Klienten/Patienten über alle wesentlichen Maßnahmen und Behandlungsabläufe unterrichten und sich ihrer Einwilligung versichern. Bei heilkundlichen Behandlungen haben sie auf ggf. bestehende Risiken und Alternativbehandlungen hinzuweisen. Die Hinweispflicht umfasst auch Fragen des Honorars und der Kostenerstattung.

- *Berufsordnung der Föderation der Schweizer Psychologinnen und Psychologen (FSP, 2011):*

  Art. 30: Mitglieder klären ihre Patientinnen und Patienten bzw. deren gesetzliche Vertretung in verständlicher und sachlicher Form hinreichend auf, insbesondere über: (a) die beabsichtigten Verfahren oder Methoden und das Setting, (b) allfällige mit der Behandlung verbundene Risiken und Behandlungsalternativen, (c) die finanziellen Bedingungen, namentlich das Honorar oder die Vergütung durch die Grund- oder Zusatzversicherung und die Art der Verrechnung versäumter Stunden, (d) die Schweigepflicht.

- *Berufskodex für Psychotherapeutinnen und Psychotherapeuten des Österreichischen Bundesministeriums für Gesundheit und Frauen (2012):*

  Kapitel III.4.: Recht der Patientinnen und der Patienten auf umfassende Aufklärung, insbesondere über Art und Umfang der geplanten psychotherapeutischen (Kranken-)Behandlung.

Patientenaufklärung

Zusammenfassend gehören zu einer professionellen Aufklärung im Rahmen der informierten Einwilligung die transparente Offenlegung von Informationen hinsichtlich der diagnostizierten psychischen Störung sowie der indizierten Behandlung. Informationen zur indizierten Psychotherapie beinhalten den psychotherapeutischen Ansatz, Ziele, angewandte therapeutische Techniken, voraussichtliche Dauer, der zu erwartende Verlauf, erwartete positive Effekte und potenzielle Risiken inklusive unerwünschte Nebenwirkungen der Psychotherapie selbst. Zudem sollte der Aufklärungsprozess alternative Behandlungsoptionen, Kosten und mögliche Konsequenzen bei einer Ablehnung der vorgeschlagenen Behandlung beinhalten (Rüger & Reimer, 2010).

Therapeutische Vorteile der Patientenaufklärung

Eine solche transparente und ausführliche Patientenaufklärung im Rahmen der informierten Einwilligung stellt nicht nur eine ethische Pflicht dar, sondern hat sowohl für Therapeuten als auch für Patienten offensichtliche Vorteile (Trachsel, grosse Holtforth, Biller-Andorno & Appelbaum, 2015): Eine informierte Einwilligung, die eine Übereinkunft hinsichtlich Therapiezielen und Schritten zur Erreichung dieser Ziele beinhaltet, kann beispielsweise signifikant zur Bildung einer guten Therapiebeziehung und eines guten Arbeitsbündnisses als zentrale Komponenten einer erfolgreichen Psychotherapie beitragen. Zudem kann eine informierte Einwilligung das Gefühl der Urheberschaft über den Therapieprozess steigern (Fisher & Oransky, 2008) und damit ebenfalls zu einem besseren Therapieerfolg führen (Pope & Vasquez, 2010). Damit ist die informierte Einwilligung gleichzeitig ein wirksames Mittel zum Patienten-Empowerment (Fisher & Oransky, 2008).

Einwilligungsfähigkeit

Einwilligungsfähigkeit

Zusammen mit der Patientenaufklärung und der Freiwilligkeit ist die Einwilligungsfähigkeit (Rechtsbegriff in Deutschland) respektive die Urteilsfähigkeit (Rechtsbegriff in Österreich und der Schweiz) das wichtigste Element einer informierten Einwilligung.

Aus rechtlicher Sicht muss die informierte Einwilligung vom Patienten selbst gegeben werden, sofern dieser einwilligungsfähig/urteilsfähig ist. Liegt keine Einwilligungsfähigkeit vor, tritt eine zu einem früheren Zeitpunkt verfasste Patientenverfügung in Kraft oder es wird eine gesetzliche Vertretungsperson eingesetzt.

Beurteilung der Einwilligungsfähigkeit

Folgende Kriterien werden zur Beurteilung von Einwilligungsfähigkeit herangezogen (Grisso & Appelbaum, 1998): (1) Die Fähigkeit, behandlungsbezogene Informationen zu verstehen, (2) die Fähigkeit, die Bedeutung der vermittelten Informationen für die eigene Situation zu erfassen (Krankheits- und Behandlungseinsicht), (3) die Fähigkeit, Informationen rational zu gewichten und Alternativen zu vergleichen, und (4) die Fähigkeit, eine Entscheidung mitzuteilen.

Verschiedene psychische Störungen wie Schizophrenie, Anorexia nervosa, Depressive Störung oder Demenzen können zu einem temporären oder dauerhaften Verlust der Einwilligungsfähigkeit führen. Zentral ist jedoch, dass bei Vorliegen einer schweren psychischen Störung nicht automatisch von einem Verlust der Einwilligungsfähigkeit ausgegangen wird, da diese auch dann oft erhalten ist.

Grundsätzlich gilt eine Person als einwilligungsfähig. Eine genauere Abklärung der Einwilligungsfähigkeit muss jedoch immer dann erfolgen, wenn erhebliche Zweifel daran bestehen, ob ein Patient kognitiv (z. B. aufgrund einer Demenz) und/oder emotional (z. B. im Rahmen einer schweren depressiven Episode) überhaupt in der Lage ist, sich für oder gegen eine Psychotherapie zu entscheiden (Trachsel, Hermann & Biller-Andorno, 2015).

Einwilligungsunfähigkeit ist keine Eigenschaft des Patienten im engeren Sinne, sondern wird dem Patienten vom Beurteiler zugeschrieben (Hermann, Trachsel & Biller-Andorno, 2016). Diese Zuschreibung beruht auf dem Abwägen relevanter Informationen unter Einbezug der moralischen Prinzipien des „Respekts vor der Selbstbestimmung des Patienten“ und der „Fürsorge“. Die Zuschreibung von Einwilligungsunfähigkeit beinhaltet somit immer eine normative Komponente und wird durch persönliche Werte und Normen der beurteilenden Person beeinflusst (Hermann et al., 2015).

Einwilligungsfähigkeit wird immer in Bezug auf eine bestimmte Entscheidung zu einem bestimmten Zeitpunkt zugeschrieben und darf im Normalfall nicht als permanent erklärt werden (Ausnahmen stellen beispielsweise Koma oder schwere Alzheimer-Demenzen dar).

Zur Beurteilung der Einwilligungsfähigkeit liegen Hilfsmittel in verschiedenen Sprachen vor. Der Nachteil dieser Hilfsmittel ist, dass sie die kognitiven Fähigkeiten des Patienten überproportional betonen und weitere wichtige Faktoren wie Emotionen, Intuitionen, Persönlichkeitsfaktoren, Faktoren der Entscheidungssituation und persönliche Werte des Beurteilers vernachlässigen (Hermann et al., 2015; Hermann, Trachsel, Elger & Biller-Andorno, 2016). Obwohl solche Hilfsmittel die Beurteilung der relevanten mentalen Fähigkeiten unterstützen können, erfolgt die abschließende Beurteilung „auf der Basis eines umfassenden klinischen Urteils, das sowohl personenspezifische Faktoren (psychische Fähigkeiten) als auch Kontextfaktoren (Situation, Risiko, Zeit) berücksichtigt“ (Trachsel, Hermann & Biller-Andorno, 2014, S. 221).

2.3 Informierte Einwilligung in der Psychotherapie versus in der somatischen Medizin

Unterschiede zur informierten Einwilligung in der somatischen Medizin

Informierte Einwilligung in der Psychotherapie unterscheidet sich aufgrund einiger spezifischer Eigenschaften von informierter Einwilligung in anderen Gebieten der Medizin. Beispielsweise stellen die informierte Einwilligung zu einer pharmakologischen Behandlung eines Diabetes mellitus und die entsprechende Behandlung selbst zwei unterschiedliche Formen der Interaktion zwischen Arzt und Patient dar (Trachsel, grosse Holtforth, Biller-Andorno & Appelbaum, 2015). Während der Prozess der informierten Einwilligung auf interpersoneller Kommunikation beruht und entsprechend die kognitiven, emotionalen und sozialen Kompetenzen des Patienten und des Behandlers gefordert sind, besteht die medizinische Intervention selbst in der Einnahme eines Medikaments zur biochemischen Beeinflussung des Zuckerstoffwechsels (wenn vom Placeboeffekt bei diesem Beispiel abgesehen wird; siehe dazu Kapitel 9).

Dieses Vorgehen der informierten Einwilligung bei medizinischen Interventionen kann nicht direkt auf die Psychotherapie übertragen werden. In der Psychotherapie beinhalten die informierte Einwilligung in eine Therapie und die Therapie selbst ähnliche, wenn nicht dieselben kognitiven, emotionalen und volitiven Elemente, so dass die informierte Einwilligung in eine Therapie mit der Therapie selbst deutlich stärker zusammenhängen. Prozess und

Ergebnis der informierten Einwilligung beeinflussen Verlauf und Outcome einer anschließenden Psychotherapie deshalb notwendigerweise stärker als beispielswiese bei pharmakologischen Therapien. Diese bidirektionale Verknüpfung zwischen informierter Einwilligung in eine Psychotherapie und der Psychotherapie selbst kann für Psychotherapeuten eine anspruchsvolle und aufwändige Herausforderung darstellen. Diese darf jedoch keine Rechtfertigung dafür sein, die moralische Pflicht der informierten Einwilligung zu vernachlässigen oder vollständig auf eine solche zu verzichten (Trachsel, grosse Holtforth, Biller-Andorno & Appelbaum, 2015).

2.4 Zuschneidung der informierten Einwilligung auf den psychotherapeutischen Ansatz

Zuschneidung der informierten Einwilligung

Zur Patientenaufklärung im Rahmen einer informierten Einwilligung in die Psychotherapie gehört einerseits die Pflicht, Patienten über die sogenannten allgemeinen Wirkfaktoren aufzuklären, die jedem psychotherapeutischen Ansatz gemeinsam sind (Trachsel & Gaab, 2016). In Forschung und Praxis ist es mittlerweile unbestritten, dass allgemeine Wirkfaktoren einen bedeutsamen Anteil an der Wirkung von Psychotherapie haben, obwohl hinsichtlich des Stellenwerts dieser allgemeinen Wirkfaktoren am Gesamteffekt von Psychotherapie weiterhin Uneinigkeit besteht (Wampold & Imel, 2015; Jensen & Kelley, 2016). Diese allgemeinen Wirkfaktoren beinhalten „die therapeutische Beziehung, die gemeinsame Zielvereinbarung zwischen Patient und Psychotherapeut, Therapeutenfaktoren wie positive Wertschätzung, Empathie und Echtheit als auch Patientenfaktoren und -erwartungen“ (Blease, Trachsel & grosse Holtforth, 2016, S. 28). Eine transparente Aufklärung über diese allgemeinen Wirkfaktoren im Rahmen der informierten Einwilligung ist aufgrund des ethischen Prinzips des Respekts vor der Patientenautonomie eine moralische Verpflichtung von Psychotherapeuten jeder theoretischen Orientierung und unabhängig vom psychotherapeutischen Ansatz (Gaab, Blease, Locher & Gerger, 2016).

Die Aufklärung der Patienten über die allgemeinen Wirkfaktoren von Psychotherapie reicht jedoch nicht. Daneben hat der Patient ein Recht darauf zu erfahren, welches die angenommenen spezifischen Wirkfaktoren der vom jeweiligen Psychotherapeuten angebotenen Therapie sind. Patienteninformationen im Rahmen der informierten Einwilligung können sich dementsprechend zwischen Vertretern verschiedener psychotherapeutischer Ansätze deutlich unterschieden.

2.5 Personalisierung der informierten Einwilligung

Personalisierung der informierten Einwilligung

Zusätzlich zur Zuschneidung der informierten Einwilligung auf den psychotherapeutischen Ansatz sollten Psychotherapeuten bei der Patientenaufklärung im Sinne einer Personalisierung auch die Lebensgeschichte, das soziale Umfeld, die Persönlichkeit und die Fähigkeiten eines Patienten berücksichtigen (Trachsel, grosse Holtforth, Biller-Andorno & Appelbaum, 2015).

Shared decision making – Partizipative Entscheidungsfindung

Aus rechtlicher Sicht liegt die Entscheidungshoheit über die Annahme oder Ablehnung von Behandlungsangeboten bei den Patienten. Deshalb entscheiden einwilligungsfähige Patienten grundsätzlich selbst darüber, ob sie das Angebot einer psychotherapeutischen Intervention in Anspruch nehmen möchten oder nicht. Aufgrund der Informationsasymmetrie und da einwilligungsfähige Patienten zwar ein Ablehnungsrecht, aber nicht notwendigerweise einen Anspruch auf eine von ihnen gewünschte Behandlung haben, wird die gemeinsame oder partizipative Entscheidungsfindung propagiert, das sogenannte *shared decision making* (z. B. Drake et al., 2009).

Shared decision making

Shared decision making bezeichnet einen Prozess, der darauf abzielt, dass Patienten und Fachpersonen zu einer gemeinsamen Übereinkunft über die Behandlung kommen und dabei neben objektiven Kriterien auch emotionale Aspekte, Einstellungen und moralische Werte einfließen lassen. Optimalerweise können Patienten und Fachpersonen dabei ihre Argumente auf „Augenhöhe" austauschen und sich aktiv und gleichberechtigt in den Entscheidungsprozess einbringen. Eine solche Vorgehensweise bringt zudem mit sich, dass beide Seiten die Verantwortung für die getroffene Entscheidung übernehmen.

Diese Form der Entscheidungsfindung stellt einen Mittelweg dar zwischen einer einseitigen informierten Behandlungsentscheidung des Patienten (informatives Modell) und dem traditionellen paternalistischen Modell, bei dem die Fachperson alleine über die angemessene Entscheidung befindet (siehe Kasten zu Paternalismus auf Seite 100).

2.6 Reprise des Falls

Im Fall von Herrn F. würde der auf den Patienten, seine Probleme und Anliegen zugeschnittene Behandlungsplan sowohl Elemente einer einsichtsorientierten als auch einer symptomfokussierten Psychotherapie beinhalten. Symptomfokussierte Ziele des Patienten einerseits wären beispielsweise eine

Verbesserung der Schlafstörung, der Appetitlosigkeit, der Hoffnungslosigkeit und anderer Symptome seiner depressiven Episode. Einsichtsorientierte Elemente der Therapie andererseits zielen darauf ab, ungelöste existenzielle Fragen hinsichtlich seines aktuellen Lebens und seiner Zukunft zu bearbeiten.

Werden die Forderungen nach einer Zuschneidung der Patientenaufklärung auf den psychotherapeutischen Ansatz und einer Personalisierung ernst genommen, führt dies in Bezug auf das beschriebene Fallbeispiel dazu, dass Herr F. sowohl in symptomfokussierte als auch in einsichtsorientierte Interventionen einwilligen können sollte. Für den symptomfokussierten Teil der Psychotherapie können die Interventionen relativ klar umrissen werden (z. B. Schlafprotokolle und Schlafhygiene). Hier gleicht die Patientenaufklärung der Aufklärung für pharmakologische Interventionen. Für den einsichtsorientierten Teil der Psychotherapie und die Bearbeitung interpersonaler, motivationaler, kognitiver und emotionaler Faktoren, kann der Therapieplan im Vornherein weniger klar umrissen werden, sondern entwickelt sich im Verlauf der Psychotherapie. Somit verlangt der einsichtsorientierte Teil der Psychotherapie nach einer komplexeren Form der informierten Einwilligung mit einer weniger spezifischen Festlegung von Therapiezielen und angewandten Interventionen.

3 Interessenkonflikte, Mehrfachbeziehungen und andere Überschreitungen der üblichen therapeutischen Beziehungsgrenzen

„Loyal zu wem?" – Fallbeispiel von Imke Knafla

Der 32-jährige Herr N. meldete sich für eine Psychotherapie an. Er fühle sich unwohl an seinem Arbeitsplatz, die Arbeitsbelastung sei enorm hoch und die Stimmung im Team schlecht. Von seinem Vorgesetzten werde er nicht unterstützt. Im Gegenteil kritisiere ihn dieser viel und gebe nie positive Rückmeldungen für die erledigten Aufgaben. Seine Unzufriedenheit habe sich mittlerweile so gesteigert, dass er sich morgens nur noch mit Mühe aufraffen könne, zur Arbeit zu gehen. Auch habe er sich deswegen bereits wiederholt tageweise krankgemeldet. Er überlege, seine Stelle zu kündigen und möchte in der Psychotherapie zu einer Entscheidung finden. Am liebsten würde er überhaupt gar nicht mehr zur Arbeit gehen. Er habe so viele Überstunden, dass er trotz Kündigungsfrist per sofort nicht mehr am Arbeitsplatz erscheinen müsste. Das einzige, was ihn daran hindere, seien moralische Überlegungen: In drei Wochen fände ein großer, internationaler Kongress statt, den er in Hauptverantwortung plane. Der Kongress finde große öffentliche Beachtung. Sein Team und die Firma würde es in große Schwierigkeiten bringen, wenn er nun sofort alles hinwürfe. Er glaube nicht, dass jemand anderes kurzfristig einspringen könnte, da das gesamte Team überlastet sei. Auf der anderen Seite sei es für ihn unvorstellbar, noch drei Wochen unter den gegenwärtigen Bedingungen zu arbeiten.

Die Psychotherapeutin fühlt sich befangen, denn sie und ihre Berufsorganisation sind am Kongress ebenfalls beteiligt. Die Psychotherapeutin weiß um die große öffentliche Aufmerksamkeit, die auch ihr selbst als Vertreterin ihrer Berufsorganisation zugutekäme. Zudem identifiziert sich die Psychotherapeutin stark mit ihrer Berufsorganisation und sieht den großen Imageschaden, der bei Misslingen des Kongresses entstünde.

Herr N. möchte in den folgenden Sitzungen zu einer Entscheidung finden und die Psychotherapeutin möchte ihn in diesem Prozess begleiten. Gleichzeitig ist es für sie aber klar, dass die Entscheidung von Herrn N., seine Arbeit per sofort zu beenden, negative Konsequenzen für sie und ihre Berufsorganisation hätte.

3.1 Loyalitätskonflikte als Interessenkonflikte

Bei Herrn N. fühlt sich die Therapeutin befangen, da sie sich in einem inneren Konflikt befindet – einem Loyalitätskonflikt. Einerseits möchte sie ihrem Patienten die beste therapeutische Behandlung bieten, die ihr kraft ihrer Ausbildung und ihrer therapeutischen Erfahrung möglich ist. Andererseits sorgt sie sich um den Kongress ihres Berufsverbandes, mit dem sie sich stark identifiziert. Zudem könnte sie sich am Kongress profilieren.

Loyalitätskonflikt als Interessenkonflikt

Ein Loyalitätskonflikt kann als eine spezifische Form eines Interessenkonflikts verstanden werden. Ein Interessenkonflikt besteht in einer Situation, in der primäre professionell-ethische Zielsetzungen mit sekundären Interessen in einem Spannungsverhältnis stehen. Dabei sind *primäre Interessen* Kernprinzipien des professionellen Ethos; bei Psychotherapeuten beispielsweise das Wohl der Patienten zu unterstützen oder das Wohl der Gemeinschaft zu fördern. *Sekundäre Interessen* hingegen sind persönlich relevante Interessen, die jede Person unabhängig von ihrer Profession hat, beispielsweise Macht, Einfluss, Geld oder wie im Fall der Psychotherapeutin von Herrn N. berufliche Reputation (McCoy & Emanuel, 2017).

Risiken bei Interessenkonflikten

Bei einem Interessenkonflikt liegen also Umstände vor, bei denen ein erhöhtes Risiko dafür besteht, dass primäre Interessen übermäßig oder in moralisch problematischer Weise durch sekundäre Interessen beeinflusst werden könnten. Lo und Field (2009) weisen darauf hin, dass zwei Faktoren darüber bestimmen, wie schwerwiegend ein Interessenkonflikt ist: einerseits (1) die *Wahrscheinlichkeit*, dass professionelle Entscheidungen auf moralisch unangemessene Weise von sekundären Interessen beeinflusst werden und andererseits (2) die *Schwere des Schadens*, des Nachteils oder des Unrechts, die durch eine solche Beeinflussung entstehen könnten. Die Wahrscheinlichkeit, dass sekundäre Interessen professionelle Entscheidungen auf moralisch unangemessene Weise beeinflussen, hängt vom Nutzen ab, den die sekundären Interessen für die Person haben, von deren Ausprägung und Dauer sowie vom Maß der Einsicht und der Besonnenheit der Person beim Fällen wichtiger Entscheidungen (Lo & Field, 2009). McCoy und Emanuel (2017) betonen zudem, dass es nicht sinnvoll ist, zwischen potenziellen und tatsächlichen Interessenkonflikten zu unterscheiden. Das Konzept eines potenziellen Interessenkonflikts sei irreführend, da es falsch sei zu denken, dass ein Interessenkonflikt nur dann existiere, wenn ein konkreter Schaden entsteht.

3.2 Moralische Konflikte im engeren Sinne

Da Interessenkonflikte Konflikte zwischen primären und sekundären Interessen einer Person sind, handelt es sich dabei nicht um moralische Konflikte im engeren Sinne, sondern um Konflikte zwischen einer moralischen Pflicht (primäres Interesse) und eines Wunsches, einer Neigung oder eines persönlichen Vorteils (sekundäres Interesse). *Moralische Konflikte im engeren Sinne* sind dagegen Konflikte, bei denen sich zwei primäre Interessen gegenüberstehen, beispielsweise zwei moralische Prinzipien, denen man eigentlich gleichzeitig gerecht werden möchte, dies jedoch nicht kann. Ein klassischer moralischer Konflikt der Medizinethik ist zum Beispiel der Konflikt zwischen dem Prinzip des Respekts vor der Selbstbestimmung des Patienten und des Prinzips des Patientenschutzes (Beauchamp & Childress, 2013; siehe Kasten auf den Seiten 10 bis 11). Beispielsweise besteht ein moralischer Konflikt, wenn sich ein Behandler auf der einen Seite moralisch verpflichtet fühlt, einer schwer depressiven und akut suizidgefährdeten Patientin, die sich gegen einen Aufenthalt in einer psychiatrischen Klinik ausspricht, das Recht auf Selbstbestimmung zuzugestehen und auf der anderen Seite die moralische Pflicht besteht, sie bestmöglich vor suizidalen Handlungen zu schützen.

Definition: Moralische Konflikte

3.3 Doppel- und Mehrfachbeziehungen und andere Überschreitungen der üblichen therapeutischen Beziehungsgrenzen

Eine spezielle und aus ethischer sowie psychotherapeutischer Sicht potenziell besonders heikle Form von Interessenkonflikten bilden *Doppel-* oder *Mehrfachbeziehungen*. Die American Psychological Association (APA, 2002) beschreibt hauptsächlich drei Situationen, in denen es neben der professionellen Therapiebeziehung zu Mehrfachbeziehungen mit einem Patienten kommen kann:

Mehrfachbeziehungen

1. Wenn der Psychotherapeut gleichzeitig in einer anderen Beziehung zum Patienten steht respektive ihm gegenüber eine zusätzliche, nicht therapeutische Rolle innehat;
2. wenn der Psychotherapeut gleichzeitig in einer (Therapie-)Beziehung zu einer verwandten oder anderweitig nahestehenden Person des Patienten steht; oder

3. wenn es wahrscheinlich oder praktisch sicher ist, dass der Psychotherapeut zu einem zukünftigen Zeitpunkt mit dem Patienten oder einer verwandten respektive anderweitig nahestehenden Person des Patienten in eine weitere Beziehung treten wird.

Bei der zweiten beschriebenen Rolle handelt es sich meistens um eine finanzielle, geschäftliche oder ebenfalls therapeutisch-professionelle Beziehung (Pope & Vasquez, 2010).

Behandlung von Mitgliedern derselben Familie

Es ist beispielsweise nicht selten, dass Psychotherapeuten Mitglieder derselben Familie oder desselben sozialen Netzwerkes behandeln. Gerade in kleineren Städten oder Dörfern ist dies schwer vermeidbar und stellt auch nicht immer ein moralisches Problem dar. Es kann unter Umständen sogar ein Vorteil sein, wenn der Psychotherapeut so in eine besondere Position kommt und allen eine auf die anderen Beteiligten abgestimmte Unterstützung bieten kann. Dies kann jedoch zu (moralischen) Problemen führen, wenn die behandelten Personen inkompatible Behandlungsbedürfnisse haben. Beispielsweise kann es problematisch werden, wenn ein Ehepaar sich zuerst in eine Paartherapie begibt, es sich im Verlauf der Behandlung aber herausstellt, dass beide eine individuelle Psychotherapie benötigen und der Psychotherapeut beide Ehepartner im Einzelsetting behandelt. Wenn die Ehepartner nun zusätzlich noch Behandlungsbedürfnisse haben, die inkompatibel sind – die Frau möchte Hilfe dabei, wie sie sich von ihrem Ehemann trennen kann; der Mann möchte Unterstützung dabei, was er zur Verbesserung der Ehe beitragen kann – wird es besonders heikel.

Berufsethische Richtlinien: Interessenkonflikte und Mehrfachbeziehungen

- *Meta Code of Ethics der European Federation of Psychologists' Associations (EFPA, 2005):*

  Art. 3.4.4 (i): Awareness of the problems which may result from dual relationships and an obligation to avoid such dual relationships which reduce the necessary professional distance or may lead to conflict of interests, or exploitation of a client.

- *Muster-Berufsordnung für die Psychologischen Psychotherapeutinnen und Psychotherapeuten der deutschen Bundespsychotherapeutenkammer (BPtK, 2007):*

  Art. 6 (2): [Psychotherapeuten] dürfen die Vertrauensbeziehung von Patienten nicht zur Befriedigung eigener Interessen und Bedürfnisse missbrauchen.

  Art. 6 (4): Psychotherapeuten sollen außertherapeutische Kontakte zu Patienten auf das Nötige beschränken und so gestalten, dass eine therapeutische Beziehung möglichst wenig gestört wird.

- *Berufsordnung der Föderation der Schweizer Psychologinnen und Psychologen (FSP, 2011, Art. 30):*

  Art. 10: Mitglieder sind bestrebt, mögliche Interessenkonflikte zu vermeiden. Insbesondere lehnen sie Aufträge bei bestehenden oder drohenden Interessenkonflikten ab. Mitglieder gehen keine multiplen Beziehungen ein, wenn diese geeignet sind, ihr professionelles Urteil oder Handeln zu beeinträchtigen.

3.4 Mehrfachbeziehungen strikt unterlassen?

Wann schaden Mehrfachbeziehungen?

Obwohl Mehrfachbeziehungen eine Form von Interessenkonflikten darstellen, die das Potenzial haben, eine Psychotherapie negativ zu beeinflussen, sind nicht alle Mehrfachbeziehungen problematisch. Mehrfachbeziehungen und andere Überschreitungen der normalen therapeutischen Beziehungsgrenzen *können* dem Patienten schaden, *müssen* aber nicht. In gewissen Fällen können gezielte Überschreitungen der normalen therapeutischen Beziehungsgrenzen sogar nützlich für den Therapieerfolg sein. Unter Umständen können sie die Sicht des Patienten auf den Psychotherapeuten verändern, das Arbeitsbündnis zwischen Patient und Psychotherapeut stärken, oder sie können dazu führen, dass sich der Patient weniger alleine oder weniger hoffnungslos fühlt (Pope & Vasquez, 2010). Allerdings ist es zentral, dass hinter jeder Überschreitung der normalen therapeutischen Beziehungsgrenzen ein klar durchdachtes therapeutisches Rationale steht. Auch subtile Überschreitungen üblicher therapeutischer Beziehungsgrenzen können schaden, wenn der Patient diese missversteht; beispielsweise, wenn der Patient die Offenbarung persönlicher Informationen des Psychotherapeuten als Einladung versteht, eine nichtprofessionelle Beziehung aufzubauen.

3.5 Umgang mit Interessenkonflikten

Therapie bei Interessenkonflikten abbrechen?

Psychotherapeuten bieten sich verschiedene Optionen, mit Interessenkonflikten umzugehen. Wenn Interessenkonflikte bereits vor dem Beginn eines therapeutischen Verhältnisses erkennbar werden, ist zu prüfen, ob dieses überhaupt eingegangen werden soll. Bei einer laufenden Psychotherapie stellt sich die Frage, ob diese abgebrochen werden sollte. Diese Möglichkeit ist allerdings nur bei schweren Formen von Interessenkonflikten angemessen und im Sinne des medizinethischen Prinzips des Nichtschadens vor allem dann geboten, wenn es zu Ausnutzung, Übergriffen oder anderen Schäden für den Patienten kommen kann. Oft – insbesondere bei schweren psychischen Störungen – führt ein sofortiger Abbruch der Therapie zu einem größeren Schaden, als wenn die Therapie weitergeführt wird, und es ist im Sinne der Patientenfürsorge geboten, eine andere Form des Umgangs mit dem Interessenkonflikt zu finden.

Offenlegung von Interessenkonflikten

Entsprechend kann eine transparente Offenlegung von Interessenkonflikten vorzuziehen sein. Beispielswiese sollten Fördergelder oder Mitgliedschaften in Organisationen (z.B. Verwaltungsratsmandate) offengelegt werden. Adressaten dieser Informationen sollten dann in der Lage sein, mögliche Interessenbindungen von Anfang zu erkennen, erhaltene Informationen und allfällige Verzerrungen auf dieser Grundlage zu gewichten und über eine potenzielle künftige Zusammenarbeit adäquat zu entscheiden. Auch im Gesundheitswesen und im Rahmen wissenschaftlicher Publikationen ist Offenlegung die verbreitetste und akzeptierteste Variante des Umgangs mit einem Interessenkonflikt.

3.6 Reprise des Falls

In Bezug auf das Fallbeispiel zu Beginn des Kapitels könnte ein sinnvoller Umgang der Psychotherapeutin mit ihrem Loyalitätskonflikt darin bestehen, ihre Befangenheit offen zur Sprache zu bringen und ihrem Patienten mitzuteilen, dass sie und ihre Berufsorganisation am Kongress ebenfalls beteiligt seien und dass sie um dessen große öffentliche Beachtung wisse, die auch ihr und ihrer Berufsorganisation zugutekäme. Zudem könnte die Psychotherapeutin thematisieren, dass sie sich als Fachperson stark mit ihrer Berufsorganisation identifiziere und den Imageschaden sehe, der bei Misslingen des Kongresses entstünde. Diese Offenlegung würde die Psychotherapeutin einerseits entlasten; sie müsste keine diesbezüglichen Informationen zurückhalten und kein doppeltes Spiel spielen. Allerdings macht sie sich mit dieser Offenlegung auch angreifbar. Der Patient könnte ihr vorwerfen, das Gelingen der Konferenz als wichtiger zu bewerten als ihm wirksam zu helfen. Gelingt es der Psychotherapeutin jedoch, dem Patienten zu vermitteln, dass sie trotz anderer wichtiger Ziele wie dem Gelingen der Konferenz alles daransetzen werde, dem Patienten bei der Bewältigung seiner Probleme zu helfen, hat die Offenlegung des Loyalitätskonflikts auch das Potenzial zu einer Vertiefung der therapeutischen Beziehung und des gegenseitigen Vertrauens beizutragen.

4 Kulturelle Differenzen und interkulturelle Kompetenzen von Psychotherapeuten in einer multikulturellen und offenen Gesellschaft

„Wie weit geht die Anpassung von Psychotherapeuten an andere kulturelle Sitten?" – Fallbeispiel von Stefanie Neubrand

Die 27-jährige Frau G. ließ sich auf Anraten ihres ambulanten Psychotherapeuten in eine Klinik für Psychosomatik und Psychotherapie einweisen. Im Aufnahmegespräch erschien Frau G. in traditioneller muslimischer Bekleidung. Ihre Ausdrucksweise zeigte ihr hohes Bildungsniveau und sie bediente sich einer teils lässig-modernen Umgangssprache. Sie berichtete, dass sie einen langen Leidensweg hinter sich habe und beschrieb ein kulturelles Doppelleben, das sie über weite Teile ihres Lebens geführt habe und welches bis in ihr heutiges Leben, insbesondere ihre jetzige Ehe, hineinwirke.

In der Erhebung ihrer Vorgeschichte beschrieb Frau G., dass sie ab dem Grundschulalter gewissermaßen die rechte Hand ihres Vaters und in dieser Zeit eine sehr gute Schülerin gewesen sei. Ab ihrem frühen Teenageralter hätte sich ihr Bruder dann immer stärker in ihr Leben eingemischt, sie gedemütigt und teilweise mit Schlägen misshandelt. Auf dem Gymnasium habe Frau G. plötzlich schlechte Noten geschrieben und diese ihren Eltern vorenthalten. Sie sei in eine Clique „geraten", habe viel „Blödsinn" gemacht und sich in ihrer Jugend und in ihrem frühen Erwachsenenalter von ihrer Kultur und Religion entfernt. Sie habe sich freizügig angezogen, geraucht, gekifft, Alkohol konsumiert und Diskotheken besucht. Zu Hause sei sie geschlagen worden, weil sie nicht gesagt habe, wo sie ihre Zeit verbrachte. Ihre Eltern hätten in dieser Zeit das Vertrauen in sie verloren, was ihr zu schaffen gemacht habe. Daraufhin habe Frau G. ihr Vertrauen wieder zurückgewonnen, indem sie Wege gefunden habe, alles zu tun, was sie wollte, ohne dass ihre Eltern es gemerkt hätten.

Mit 21 Jahren habe Frau G. einen deutschen Mann geheiratet. Ihre Eltern seien enttäuscht gewesen, da er eine andere Religion hatte als sie, hätten jedoch trotzdem eingewilligt. Frau G. sei froh gewesen, dass sie nicht mehr ein Doppelleben habe führen und lügen müssen. Während ihres Studiums der Betriebswirtschaftslehre habe sie in Prüfungszeiten Depressionen, Versagensängste und Schlafprobleme entwickelt. Zu dieser Zeit habe sie ab und zu mit Beten begonnen. Heute bete sie fünf Mal am Tag. Nach sieben Jahren Ehe habe sie ihren ersten Ehemann verlassen. Zwei Jahre später habe sie ihren heutigen tunesisch-stämmigen Ehemann kennengelernt und ihn drei Monate später nach islamischem Recht geheiratet. Er lebe in einer anderen Stadt und habe bereits zwei Kinder. Die Beziehung zu ihrem Ehemann sei belastet, da er ihren Lebensstil als junge Erwachsene sowie ihre erste Ehe aus religiösen Gründen nicht akzeptieren könne und er sich aufgrund eigener massiver Belastungen „wie ein Kind" verhalte und nicht arbeiten gehe. Frau G. habe einen unerfüllten Kinderwunsch. Ihr Mann habe zunächst keine weiteren Kinder mehr mit ihr haben wollen, wünsche sich dies nun aber doch. Frau G. wisse nicht, wie es mit der Beziehung weitergehen soll und habe sich kürzlich auf eine Stelle in Marokko beworben.

In der zweiten Hälfte ihres Klinikaufenthalts fand auf Wunsch von Frau G. ein Paargespräch statt. Das Paargespräch wurde von der Bezugstherapeutin der Patientin sowie einem weiteren Psychotherapeuten begleitet. Zu Beginn wurden Frau und Herr G. beide nach ihren eigenen Wünschen, Zielen und Befürchtungen für das Gespräch gefragt, wobei Herr G. wenig Interesse am Paargespräch zu haben schien und vor allem sein eigenes Interesse betonte, wie wichtig die gemeinsame Zukunftsplanung sei. Der gesundheitliche Zustand und die Genesung seiner Frau schienen für ihn in diesem Gespräch sekundär zu sein. Auf Nachfragen der Therapeuten zur Klärung des Zwecks des Gesprächs schien sich Herr G. ausschließlich dem männlichen Psychotherapeuten zuzuwenden und diesem Gehör zu schenken. Auf darauffolgende Versuche der Therapeutin, mit ihm oder seiner Frau in Austausch zu treten, reagierte Herr G. konsequent mit Kontakt zum männlichen therapeutischen Kollegen. Frau G. wirkte entgegen ihres bisherigen Verhaltens in vorangegangenen Sitzungen still und brachte nahezu keine eigenen Impulse in das Paargespräch ein. Ihre zuvor in der Klinik erlebten selbstbestimmten Persönlichkeitsanteile waren nun praktisch nicht mehr erkennbar.

Die beiden Therapeuten fühlten sich einerseits aufgrund der erlebten hierarchischen Gesprächsführung irritiert. Andererseits waren sie durch den wahrgenommenen Unterschied im kulturellen Hintergrund verunsichert, so dass es ihnen schwerfiel, das erlebte Problem klar aufzugreifen und in die gemeinsame Kommunikation einzubringen. In der verbleibenden Gesprächszeit erfolgte nur noch ein knapper Austausch über die Zeit nach dem stationären Aufenthalt. Herr G. blieb bis zum Abschluss des Gesprächs ausschließlich im Gesprächs- und Augenkontakt mit dem männlichen Psychotherapeuten.

Die oben beschriebene Gesprächssituation stellt wohl für viele Psychotherapeuten, die im deutschen Sprach- und Kulturraum ausgebildet wurden, eine große Herausforderung dar. Den beiden Psychotherapeuten fiel es schwer, ihre Sicht der problematischen Paarbeziehung klar zu formulieren und in das Gespräch einzubringen, da beide eine andere Gesprächsstruktur erwartet hatten, durch die Verhaltensweisen von Herrn G. primär überrascht und irritiert und nicht darauf vorbereitet waren.

Unerwartet und irritierend waren insbesondere folgende Verhaltensweisen:
1. Das veränderte Verhalten der Patientin im Sinne, dass ihre zuvor in der Klinik erlebten selbstbestimmten Persönlichkeitsanteile nun praktisch nicht mehr erkennbar waren;
2. das Verhalten des Ehemannes im Sinne des konsequenten Ignorierens der weiblichen Psychotherapeutin und der ausschließlichen Fokussierung auf den männlichen Psychotherapeuten;
3. Der Ehemann formulierte als Ziel für das gemeinsame Gespräch primär sein eigenes Interesse in Bezug auf die gemeinsame Zukunftsplanung. Die Genesung seiner Ehefrau schien auf den ersten Blick sekundär zu sein. Damit stellt der Ehemann die gemeinsame Zukunftsplanung implizit über die individuelle Genesung seiner Ehefrau.

Diese drei auffallenden Aspekte des skizzierten Paargesprächs werden im Verlauf dieses Kapitels einzeln anhand des spezifischen kulturellen Hintergrunds des Paares diskutiert. Zuvor sollen jedoch in einem ersten Abschnitt die Begriffe Kultur und Multikulturalität definiert und in einem zweiten Abschnitt sodann die kulturelle Vergleichsdimension Individualismus/Kollektivismus als Grundlage eingeführt werden. Abschließend wird in diesem Kapitel reflektiert, welche interkulturellen Kompetenzen sich Psychotherapeuten in einer multikulturellen Gesellschaft aneignen sollten und ein ethischer Umgang mit Patienten aus anderen Kulturkreisen wird diskutiert.

4.1 Kultur und Multikulturalität

Definition: Kultur

Es existiert in der Wissenschaft keine Einigkeit zur Definition des komplexen Konstrukts Kultur. Gemäß von Lersner und Kizilhan (2017) hat jede Person ihre individuelle Kultur, die das Zusammenleben mit anderen prägt und den meisten trotzdem nicht explizit und bewusst zugänglich ist. *Kultur* im engeren Sinn kann als Aggregat geteilter Bedeutungen und Symbolsysteme wie die Sprache, die regionale Herkunft, der religiöse oder soziale Hintergrund verstanden werden, die ein soziales Leben möglich macht (Fowers & Richardson, 1996). Diese Bedeutungen formen die Struktur sozialer Interaktionen innerhalb einer sozialen Gruppe und stellen den Mitgliedern Standards und Normen für ihr Verhalten zur Verfügung (Welfel, 2013).

Kultur versus Moral

Damit befindet sich der Kulturbegriff nahe am Begriff der Moral, wenn diese nämlich verstanden wird als Gesamtheit von sittlichen Normen und Werten, die das zwischenmenschliche Verhalten einer Gesellschaft regulieren und die in ihr als verbindlich akzeptiert werden (siehe Kasten zu Moral und Ethik auf den Seiten 47 bis 48). In einem weiteren Sinn ist es möglich, eine Kultur beispielsweise aufgrund folgender Merkmale zu beschreiben: Ethnizität, Herkunft, Nationalität, Religion, Sprache oder sexuelle Orientierung.

Definition: Multikulturalität

Multikulturalität ist in urbanen westlichen Gesellschaften mittlerweile die Norm und kann unterschiedlich definiert werden. Unterschiedliche Definitionen betonen jedoch verschiedentlich Diversität als zentrales Prinzip und fokussieren auf die Gleichberechtigung der verschiedenen kulturellen Gruppen einer Gesellschaft. Eine gelungene Definition von Multikulturalität stammt von Fowers und Richardson (1996): Multikulturalität ist ein „social-intellectual movement that promotes the value of diversity as a core principle and insists that all cultural groups be treated with respect and as equals“ (S. 609).

4.2 Individualismus/Kollektivismus als kulturelle Vergleichsdimension

In der Kulturpsychologie und der kulturvergleichenden Forschung in der Psychologie gilt *Individualismus/Kollektivismus* als hilfreiche Vergleichsdimension und fruchtbares Forschungsparadigma, da sie als Globaldimension gilt, die viele weitere Merkmale eines Kulturmodells einschließt, beispielsweise auch den Umgang mit kranken Familienmitgliedern oder Geschlechterrollen. „Es geht nicht darum, ob ein Phänomen dazugehört oder nicht, sondern um die Art und Weise (Modus), in der dies zum Ausdruck kommt. [...] Die Fragestellung ist: Warum kommt so ein Phänomen auf die eine oder andere Weise zum Ausdruck?“ (Genkova, 2003, S. 141). Werden die Prioritäten innerhalb einer Gesellschaft mehr auf die Gruppe oder auf das Individuum gesetzt?

Individualistische Kulturen

In den *individualistisch* geprägten liberalen Gesellschaften Westeuropas und Nordamerikas steht das Individuum im Zentrum und Phänomene kommen in diesem Sinne zum Ausdruck (Hofstede, 2001). In Bezug auf Erkrankungen und deren Behandlung besteht in diesen Kulturen ein breiter Konsens darüber, dass einwilligungsfähige Personen letztlich selbst entscheiden und die Verantwortung dafür tragen, welchen Behandlungen sie zustimmen und welche sie ablehnen. Dies kommt im Konzept der informierten Einwilligung (siehe Kapitel 2) zum Ausdruck, das in den meisten westlichen Staaten gilt. Falls die Familie in individualistischen Kulturen in Entscheidungsprozesse einbezogen wird, dann meistens im Rahmen der *Kernfamilie* bestehend aus Mutter, Vater und Kindern (Hofstede, 2001).

Das Primat der Selbstbestimmung wird jedoch nicht universell gleich hoch gewichtet, sondern ist beispielsweise in östlichen oder afrikanischen Kulturen weit weniger dominant. Stattdessen ist in diesen Kulturen das Wohlergehen und Funktionieren der Gesamtgruppe wichtiger als die Selbstverwirklichung der einzelnen Gruppenmitglieder. Gesellschaften, in denen die Gruppe – häufig im Sinne der Großfamilie – als Gesamtheit im Vordergrund steht, werden *kollektivistisch* genannt (Hofstede, 2001).

Kollektivistische Kulturen

4.3 Grenzen der Toleranz

Wie weit sollen sich Psychotherapeuten an andere kulturelle Sitten oder an andere Moral- und Wertevorstellungen anpassen? Diese bereits eingangs im Titel zum Fallbeispiel aufgeführte Frage führt zu einer weiteren spannenden und wichtigen gesellschaftlichen Frage unserer Zeit, die vor allem auf dem Hintergrund der Erfahrung des Faschismus diskutiert wurde: Wo ist die Grenze der Toleranz respektive des Tolerierbaren?

Toleranz in liberalen Gesellschaften

Eine offene Gesellschaft zeichnet sich unter anderem dadurch aus, dass sie ihren Mitgliedern nicht nur eine möglichst große Handlungsfreiheit bietet, sondern von ihnen auch ein hohes Maß an Toleranz für andere Denkhaltungen verlangt. Karl Popper hat jedoch bereits 1945 mit seinem Buch „Die offene Gesellschaft und ihre Feinde“ eine Debatte zu den Grenzen der Toleranz angestoßen (Popper, 1992). Popper beschrieb das Paradoxon, dass uneingeschränkte Toleranz letztlich zum Verschwinden der Toleranz führe und dass wir im Namen der Toleranz das Recht haben, intolerante Personen nicht beliebig zu tolerieren.

Grenzen der Toleranz

Psychotherapie findet inmitten der Gesellschaft mit ihren spezifischen Rahmenbedingungen und nicht außerhalb derselben statt. In einer offenen Gesellschaft hat sich deshalb auch die Psychotherapie an zentralen Grundsätzen wie Gleichberechtigung der Geschlechter oder Toleranz gegenüber Andersdenkenden zu orientieren. Werden von Patienten oder ihren Angehörigen zentrale Werte der Gesellschaft missachtet und äußern sie sich beispielsweise immer wieder rassistisch, sexistisch oder einer anderen Gesellschaftsgruppe gegenüber diskriminierend, ist dies eine Intoleranz, die nicht einfach so toleriert werden darf und im Gespräch thematisiert werden sollte. Dieser Gedanke wird nachfolgend in der Reprise des Fallbeispiels noch einmal aufgegriffen und diskutiert.

4.4 Reprise des Falls

In diesem Abschnitt sollen nun einige Aspekte des im Fallbeispiel skizzierten Paargesprächs vor dem spezifischen kulturellen Hintergrund des Paares beleuchtet werden.

Warum formuliert der Ehemann als Ziel für das gemeinsame Gespräch primär sein eigenes Interesse in Bezug auf die gemeinsame Zukunftsplanung und scheint vordergründig nicht echt und empathisch an der individuellen Genesung seiner Ehefrau interessiert zu sein? An dieser Stelle soll betont werden, dass es bei der Interpretation solchen Verhaltens aufgrund des kulturellen Hintergrunds zwei Extreme zu vermeiden gilt:

- Das eine Extrem wäre, wenn Psychotherapeuten den kulturellen Hintergrund ihrer Patienten im therapeutischen Prozess unbeachtet ließen, d.h. alles als Ausdruck der Persönlichkeit des Patienten zu interpretieren.
- Das andere Extrem bestünde darin, individuelle Differenzen innerhalb einer bestimmten kulturellen Gruppe nicht zu erkennen, d.h. alles als Ausdruck der Kultur des Patienten zu interpretieren.

Auswirkung der Kultur auf die Psychotherapie

Ein Mittelweg ist, anzuerkennen, dass sich der kulturelle Hintergrund einer Person als auch deren Persönlichkeit auf den Therapieprozess auswirken können, es dabei aber keine festen Regeln gibt.

Dass der Ehemann als Ziel für das gemeinsame Gespräch primär sein eigenes Interesse in Bezug auf die gemeinsame Zukunftsplanung formuliert und vordergründig nicht echt und empathisch an der individuellen Genesung seiner Ehefrau interessiert zu sein schien, könnte teilweise damit erklärt werden, dass in muslimisch geprägten Gesellschaften die Gemeinschaft und die Großfamilie einen höheren Stellenwert genießen als die persönliche Autonomie.

Beispielsweise sind muslimische Gesellschaften größtenteils kollektivistisch und weniger individualistisch geprägt. Der Bereich der persönlichen Autonomie erfährt eine Einschränkung aufgrund einer gemeinschaftlichen Regel, die gemäß Rashed (2015) auf zwei verschiedene Weisen verstanden und auf Regeln im Koran zurückgeführt werden kann: Einerseits kann diese Einschränkung der Autonomie mit einer Wertegemeinschaft erklärt werden, die ein gemeinsames Schicksal teilt, von dem das persönliche Seelenheil und die individuelle Erlösung abhängt und andererseits mit einer Gruppe von Individuen, die durch soziale Beziehungen miteinander verbunden sind.

Um dem Primat der Gemeinschaft zu dienen, ist es nach islamischer Tradition sogar erlaubt, das Prinzip des Nichtschadens (siehe Kasten zur Prinzipienethik auf den Seiten 10 bis 11) hinsichtlich eines Individuums zu verletzen (Rashed, 2015), was für westliche Verhältnisse einem immensen Tabubruch gleichkommt, stellt das Prinzip des Nichtschadens doch eines der zentralen Prinzipien der westlichen heilkundlichen Tradition seit Hippokrates dar.

In allen kulturellen Kontexten reflektieren die sozialen Beziehungen der Mitglieder der kulturellen Gemeinschaft untereinander zudem eine bestimmte Wertekonstellation. In vielen muslimisch geprägten Gemeinschaften ist dies (1) wie oben beschrieben der Familienzusammenhalt, der über individuelle

Bedürfnisse gestellt wird. Zudem (2) reflektieren die sozialen Beziehungen jedoch auch eine patriarchale Autorität, die über die Geschlechter-Gleichstellung gestellt wird, (3) die Betonung von Konformität vor Innovation und (4) Kontinuität über Veränderung (Rashed, 2015).

Insbesondere der Aspekt der patriarchalen Autorität, das heißt die soziale Unterordnung der Frauen, könnte einen Teil des Verhalten von Herrn G. im Paargespräch des Fallbeispiels im Sinne des konsequenten Ignorierens der weiblichen Psychotherapeutin und der ausschließlichen Fokussierung auf den männlichen Psychotherapeuten erklären. Der Aspekt der patriarchalen Autorität kann hier zwar als Erklärung für das Verhalten des Ehemannes herangezogen werden, jedoch nicht als moralische Rechtfertigung. Herr G. missachtet mit seinem Verhalten die Gleichberechtigung als einer der zentralen Werte einer offenen Gesellschaft. Dies ist eine Intoleranz, die nicht einfach so toleriert werden darf und von den beiden Psychotherapeuten im Gespräch aufgegriffen und thematisiert werden sollte.

Nicht nur widerspricht die Intoleranz den Werten unserer Gesellschaft, sondern die patriarchale Struktur innerhalb der Familie ist in dem besprochenen Fallbeispiel auch ein wesentlicher Grund dafür, weshalb Frau G. ihre Bedürfnisse und Wünsche in der Familie nicht äußern kann, was einer der Gründe für ihre psychischen Probleme sein dürfte. Ein weiteres Ziel des Paargesprächs könnte deshalb sein, diese Struktur mit dem Paar zu besprechen und aufzuzeigen, dass die Gesundheit von Frau G. für das Wohlergehen der Familie wichtig ist und es deshalb für alle Beteiligten dienlich ist, wenn die persönlichen Bedürfnisse von Frau G. respektiert und diesen innerhalb der Familie Platz eingeräumt wird.

Berufsethische Richtlinien: Multikulturalität

- *Meta Code of Ethics der European Federation of Psychologists' Associations (EFPA, 2005):*

  Art. 3.1.1 (ii): Awareness of individual, cultural and role differences including those due to disability, gender, sexual orientation, race, ethnicity, national origin, age, religion, language and socio-economic status.

- *Muster-Berufsordnung für die Psychologischen Psychotherapeutinnen und Psychotherapeuten der deutschen Bundespsychotherapeutenkammer (BPtK, 2007):*

  Art. 6 (2): Psychotherapeuten haben die Würde ihrer Patienten zu achten, unabhängig insbesondere von Geschlecht, Alter, sexueller Orientierung, sozialer Stellung, Nationalität, ethnischer Herkunft, Religion oder politischer Überzeugung.

- *Berufsordnung der Föderation der Schweizer Psychologinnen und Psychologen (FSP, 2011):*

  Art. 8: Mitglieder dürfen bei ihrer Berufsausübung niemanden diskriminieren, namentlich nicht wegen des Geschlechts, des Alters, einer Behinderung, der Rasse, der Herkunft, der sozialen Stellung, der Lebensform oder der religiösen oder weltanschaulichen Überzeugungen.

Das in diesem Kapitel besprochene Fallbeispiel könnte zu einem allzu schlichten, monolithischen oder auch einseitig religiös geprägten Kulturbegriff verleiten. Eine Kultur wird jedoch immer auch durch andere Merkmale wie beispielsweise Ethnizität, Herkunft, Nationalität, Sprache oder sexuelle Orientierung geprägt.

4.5 Interkulturelle Kompetenz von Psychotherapeuten in einer multikulturellen Gesellschaft und der ethische Umgang mit Patienten aus anderen Kulturkreisen

Definition: Interkulturelle Kompetenz

Interkulturelle Kompetenz kann nach von Lersner und Kizilhan (2017) definiert werden als „die Fähigkeit, effektiv mit Menschen, die über andere kulturelle Hintergründe verfügen, umzugehen und zusammenzuarbeiten, wobei dies auf beiden Seiten als gelungene interkulturelle Kommunikation empfunden werden sollte“ (S. 14). Warum sollten Psychotherapeuten sich in einer multikulturellen Gesellschaft eine solche interkulturelle Kompetenz aufbauen? Welfel (2013) ist überzeugt, dass es essenziell ist, unsere eigene Kultur und deren Unterschiede zu anderen Kulturen sowie die kulturelle Diversität zu kennen und anzuerkennen, damit wir Patienten mit einem anderen kulturellen Hintergrund überhaupt wirksam helfen können. Zudem betont sie, dass Empathie nicht möglich sei ohne Bewusstsein des soziokulturellen Kontexts, auf dem Hintergrund dessen ein Patient seine Gründe beschreibt, weshalb er Hilfe sucht. Ohne Empathie kann sich keine starke und vertrauensvolle Therapiebeziehung und ein gutes Arbeitsbündnis entwickeln, beides zentrale Komponenten einer erfolgreichen Psychotherapie (Horvath et al., 2008). Interkulturelle Kompetenz ist also eine Grundvoraussetzung, um Patienten mit verschiedenen kulturellen Hintergründen eine wirksame Psychotherapie anbieten zu können.

Es ist eine moralische Pflicht von Psychotherapeuten, die sich aus den medizinethischen Prinzipien der Fürsorge und des Nichtschadens ableitet (siehe Kasten zur Prinzipienethik auf den Seiten 10 bis 11), dass jedem Patienten diejenige Art und Weise von Psychotherapie zukommen soll, die ihm am besten nützt. Eine weitere ethische Begründung dafür, weshalb sich Psychotherapeuten interkulturelle Kompetenz aneignen sollten, leitet sich aus dem medizinethischen Prinzip der Gerechtigkeit ab: Alle Patienten sollten einen fairen Zugang zu wirksamen Psychotherapien haben und nicht aufgrund ihres kulturellen Hintergrunds diskriminiert werden.

Es existieren zahlreiche Vorschläge in Bezug auf die nötigen Aspekte interkultureller Kompetenz von Psychotherapeuten. Im Folgenden werden deren zwei skizziert.

Sue und Sue (2007) legten drei grobe Dimensionen interkultureller Kompetenz von Psychotherapeuten vor: (1) das Bewusstsein über die eigenen (moralischen) Werte, Überzeugungen, Neigungen, Vorurteile und Annahmen über die menschliche Natur; (2) die Bereitschaft, Weltsicht und Annahmen von Patienten mit einem anderen kulturellen Hintergrund ohne negative Vorurteile verstehen zu wollen; und (3) die Fähigkeit, therapeutische Interventionen anzuwenden und zu entwickeln, die für Patienten mit einem anderen kulturellen Hintergrund angemessen und wirksam sind.

10 Thesen zur Behandlung von Patienten aus anderen Kulturen

La Roche und Maxie (2003) präsentierten die folgenden zehn Thesen mit denen sich Psychotherapeuten hinsichtlich der Themen Interkulturalität und Behandlung von Patienten aus anderen kulturellen Kontexten befassen sollten:

10 Thesen zur Behandlung von Patienten aus anderen Kulturen (nach La Roche & Maxie, 2003)

1. Interkulturelle Differenzen sind subjektiv, komplex und dynamisch.
2. Die Herausbildung einer guten Therapiebeziehung setzt die Auseinandersetzung mit den interkulturellen Differenzen voraus.
3. Die Thematisierung von Gemeinsamkeiten kann ein guter Auftakt dafür sein, interkulturelle Differenzen zu diskutieren.
4. Für die Bestimmung des angemessenen Zeitpunkts zur Thematisierung interkultureller Differenzen in der Psychotherapie sollte das Stresslevel und der Leidensdruck eines Patienten berücksichtigt werden.
5. Interkulturelle Differenzen sollten als Ressourcen betrachtet werden, um den Therapieprozess voranzubringen.
6. Das Verständnis der kulturellen Geschichte und Identitätsentwicklung eines Patienten ist wichtig, um die Probleme eines Patienten richtig zu interpretieren und dessen Therapieziele zu erreichen.
7. Bedeutung und Wichtigkeit interkultureller Differenzen werden von der aktuellen psychotherapeutischen Beziehung beeinflusst.

8. Die psychotherapeutische Beziehung bildet sich im allgemeinen kulturellen Kontext aus.
9. Die interkulturellen Kompetenzen des Psychotherapeuten haben einen Einfluss darauf, wie in der Psychotherapie mit Differenzen umgegangen wird.
10. Ein behutsamer Dialog über interkulturelle Differenzen kann die Sicht eines Patienten über kulturelle Zusammenhänge hinsichtlich eines Themas verändern.

5 Vertraulichkeit, Vertrauen und Grenzen der Geheimhaltungspflicht

„Wann soll ich vertrauliche Informationen an staatliche Behörden weitergeben?“ – Fallbeispiel von Batya Licht

Die ambulante Psychiaterin meldete Frau M. aufgrund einer Verschlechterung ihres Zustandes in der Tagesklinik an. Frau M. ist eine höfliche, gebildete, eher unscheinbare und ruhige 25-jährige Frau; sie ist klein, feingliedrig, zart und gepflegt. Laut ihrer Vorbehandlerin leide Frau M. an einer Posttraumatischen Belastungsstörung und sei deswegen seit etwas mehr als einem Jahr in Behandlung.

Seit anderthalb Jahren lebe Frau M. mit ihren Eltern in der Schweiz. Geboren und aufgewachsen sei sie in einem politisch instabilen Land, berichtet Frau M. in gutem Deutsch, das sie in der Schule in ihrem Heimatland gelernt habe. Dort sei ihr Vater vom Regime aufgrund seines politischen Engagements verfolgt worden. In diesem Zusammenhang sei sie, als Mittel der Erpressung oder Bedrohung des Vaters, von Polizisten entführt und brutal vergewaltigt worden. Nach ihrer Befreiung habe die Familie ihr Heimatland fluchtartig verlassen und in der Schweiz Asyl gesucht. Seither leide sie unter Schlafstörungen, Alpträumen und Flashbacks, sei schreckhaft, weine viel, ertrage weder alleine zu sein, noch die Anwesenheit von Männern und von Menschengruppen. Sie traue sich kaum auf die Straße und verbringe die ganze Zeit in ihrem Zimmer mit ihrer Mutter. Das Studium der Rechtswissenschaften, das sie in ihrem Heimatland begonnen habe, würde sie gerne weiterführen, doch sie könne sich kaum konzentrieren. Einer Arbeit gehe sie nicht nach; ihre sozialen Kontakte würden sich auf ihre Eltern und auf ihre Psychiaterin beschränken. Früher habe sie viele Interessenbereiche gehabt, z. B. Kunst, Fotografie, Botanik, Mode und Freunde, doch all dies würde sie aktuell nicht mehr interessieren. Sie sitze also lediglich mit ihrer Mutter im Zimmer. Die beiden würden nichts anders tun, als zusammen zu reden oder zu schweigen, ein wenig fernsehen, etwas zusammen zu kochen und zu essen, zusammen zu weinen und zusammen zu leiden.

Die Psychotherapeutin in der Tagesklinik hatte mit Frau M. zunächst stabilisierende Therapieziele vereinbart. Die Therapiebeziehung war gut. Frau M. machte aktiv mit und schien sich über die neuen Aktivitäten zu freuen, die sich ihr in der Tagesklinik eröffneten, vor allem die Kunst- und Bewegungstherapie weckten ihr Interesse und bereiteten ihr große Freude. Ihre Stimmung hatte sich sichtlich gebessert. Nach der anfänglichen Phase der Stabilisierung hat die Psychotherapeutin der jungen Frau neue Therapieziele vorgeschlagen, nämlich ihr Vermeidungs- und Sicherheitsverhalten langsam und schrittweise abzubauen. Damit hat sie sich erhofft, die Handlungsmöglichkeit von Frau M. zu erweitern, wohltuende Aktivitäten und den Aufbau eines sozialen Netzes zu ermöglichen. Frau M. zeigte sich motiviert, dies zu versuchen und in der Tat konnte sie in den nächsten Monaten viel erreichen. So konnte sie täglich wieder ein paar Stunden alleine verbringen und traute sich auch wieder selbstständig in die Stadt, wenn auch nicht auf belebte Straßen. Dazu kamen nach und nach regelmäßige Spaziergänge, Ausflüge und Museumsbesuche. Sie begann wieder, Bücher und Zeitungen zu lesen und spielte sogar mit dem Gedanken, das Studium wieder aufzunehmen. Frau M. wirkte weiterhin fragil, doch sie lächelte häufiger, spazierte öfter auf dem Areal der psychiatrischen Klinik und war insgesamt aktiver. Ihre Freude an den neuentdeckten Möglichkeiten war sichtlich und sie bedankte sich herzlich bei der Psychotherapeutin dafür. Die Psychotherapeutin, welche die Freude über die Besserung teilte, nahm sich vor, bald den Austritt aus der Tagesklinik mit der Patientin zu thematisieren. Dann plötzlich, rasch und für die Psychotherapeutin zunächst unerklärlich, verschlechterte sich der Zustand der Patientin. Frau M. brauchte wieder jede Nacht ihre Mutter bei sich, auch tagsüber war dies vermehrt der Fall. Sie traute sich wieder weniger unter die Leute und auf die Straße.

Nach einer guten Woche der Zustandsverschlechterung entschied sich die Psychotherapeutin, in der nächsten Sitzung mit Frau M. nicht den Austritt, sondern die Verschlechterung zu thematisieren. Just zu diesem Zeitpunkt hat die vorbehandelnde Psychiaterin mit der Psychotherapeutin der Tagesklinik Kontakt aufgenommen: Frau M. hat in der Schweiz den Asylstatus einer vorläufigen Aufnahme. Das Asylgesuch ihrer Familie war zwar abgelehnt worden, jedoch wurde die Rückführung der Familie in ihre Heimat von den Behörden aufgrund der Schwere des psychischen Zustandes von Frau M. und ihrer Abhängigkeit von ihren Eltern als nicht zumutbar beurteilt. Somit kann die Familie vorläufig in der Schweiz bleiben. Sobald es Frau M. bessergeht, muss die Familie die Schweiz jedoch verlassen und in ihr Heimatland zurückkehren. Zur Kontrolle ihres psychischen Zustandes muss ein Bericht des behandelnden Arztes für die Asylbehörden verfasst werden. Die Psychiaterin habe diese Berichtsaufforderung erhalten und wolle wissen, wie es Frau M. aus der Sicht der Psychotherapeutin gehe. Mit Frau M. selber habe sie bereits gesprochen.

„Wann soll ich vertrauliche Informationen an Versicherungen weitergeben?“ – Fallbeispiel von Daniel Sollberger

Ein 40-jähriger Patient kommt nach einer stationären psychiatrischen Behandlung, die er selbstständig aufgrund schwer kontrollierbarer suizidaler Impulse in Anspruch genommen hatte, zur ambulanten Psychotherapie, die er seit einem halben Jahr regelmäßig mit zwei Sitzungen pro Woche wahrnimmt. Er kommt jeweils pünktlich zum Termin, ist im Auftreten freundlich und korrekt, teilweise überfreundlich oder gar devot.

Der Patient ist seit 16 Jahren zu 100 % berentet und verbringt seine Zeit mehrheitlich mit Krafttraining, welches er alleine durchführt, sowie mit der Versorgung seines Hundes. Insgesamt lebt er sozial sehr zurückgezogen, pflegt den Kontakt zu seinen Eltern, insbesondere seiner Mutter, und wenige Kontakte zur Kirche, wo er zeitweise gemeinnützige Arbeit leistet, die Beziehungen aber aufgrund von zwischenmenschlichen Konflikten immer wieder abbricht.

Der Patient wurde zwei Wochen nach seiner Geburt in Australien zur Adoption freigegeben und von einem Schweizer Ehepaar adoptiert. Er hat einen neun Monate jüngeren Stiefbruder, ein leibliches Kind seiner Adoptiveltern. Die Aufklärung über seine Adoption erfolgte erst im Alter von circa sechs Jahren, nachdem er durch die Konfrontation seiner Mitschüler, dass er seinem Bruder überhaupt nicht ähnlich sehe, bei den Eltern nachgefragt hatte und seine Adoptionsgeschichte erstmals erfuhr. Der Patient berichtet, dass er sich ab diesem Zeitpunkt zunehmend als „Abfall“ seiner leiblichen Eltern und als Fremder in der Welt seiner sozialen Familie gefühlt habe. Er sei ein „Alien“. Bereits als Siebenjähriger habe er erstmals Suizidgedanken gehabt; daraus sei eine chronische Suizidalität entstanden. Zudem hätten eine Hyperaktivität und Legasthenie ihm die Schulzeit erschwert, so dass exzessiver Leistungssport ein gutes Ventil gewesen sei. Diesen habe er dann allerdings nach einem traumatischen Erlebnis mit Verlust eines Freundes durch einen Unfall vernachlässigt und sei in der Folge vermehrt aggressiv und fremdgefährdend geworden.

In der Adoleszenz schien der Patient zunehmend ein dissoziales und gewalttätiges sowie ein selbstverletzendes Verhalten entwickelt zu haben. Ein übermäßiger Alkohol- und Cannabiskonsum führten nicht nur zu mehrfachem Entzug des Führerscheins wegen Trunkenheit am Steuer, sondern auch zu einer jeweiligen Absenkung der Hemmschwelle für Gewalt, so dass er wiederholt in Schlägereien verwickelt war. Seine Innenwelt schien zunehmend von Hass- und Rachegefühlen gegenüber anderen beherrscht, von denen er sich angegriffen oder provoziert fühlt. Es kam zu wiederholten Lehrabbrüchen, so dass er schließlich aufgrund von

Invalidität berentet wurde. Eine längere Beziehung zu einer Freundin, mit der er ein Kind hat, brach er ab, da er sich einerseits nach der Geburt des Sohnes von dessen Mutter abgelehnt fühlte und sich räumlich trennte, andererseits aufgrund verantwortungslosen Handelns gegenüber dem Kind behördlich nur ein eingeschränktes Besuchsrecht bekam. Dies führte schließlich zu einem vollständigen Beziehungsabbruch zum Sohn und dessen Mutter.

In der Therapie gelingt es ihm, zunehmend Vertrauen zu fassen und sich in der Beziehung zum Psychotherapeuten zu öffnen. So berichtet er über seine schweren Kränkungserlebnisse, die daraus erwachsenden Wut- und Hassgefühle sowie seine Racheimpulse. Wenig zugänglich sind ihm die Gefühle anderer, so dass er kaum zu erkennen in der Lage ist, dass andere sich von ihm eingeschüchtert fühlen, ihn als bedrohlich erleben und den Kontakt vermeiden. In der Therapie selbst besetzt er den Psychotherapeuten emotional sehr positiv und idealisiert ihn. Allerdings verweigert er, dass von den Therapiesitzungen zwecks Supervision des Psychotherapeuten, Videoaufnahmen gemacht werden. Zu groß ist die Befürchtung, dass er Spuren hinterlassen könnte. So vermeidet er auch sonst, wo immer möglich, seine Identität preiszugeben.

Vom Cannabiskonsum sowie von den Gewalttätigkeiten konnte er sich bereits seit einigen Jahren gut distanzieren. Einzig der Alkoholkonsum führt auch aktuell noch sporadisch zu Exzessen, bei denen er die Kontrolle über seine aggressiven Impulse verliert. In der vertrauten, therapeutischen Beziehung kommt es nun dazu, dass er über einen Vorfall berichtet, wo er alkoholisiert eine Sachbeschädigung begangen habe und von zwei Frauen „verpfiffen" worden sei. Er gibt mehr und mehr seine Hassgefühle preis und äußert dem Psychotherapeuten gegenüber seine Rachefantasien. Zunächst gelingt es, diese Gedanken und Gefühle zu besprechen, wobei die Grenze zu deren Ausagieren immer unklarer wird, so dass der Psychotherapeut sich schließlich nicht mehr sicher sein kann, ob der Patient seine destruktiven Fantasien in die Tat umsetzt oder ob er sich weiterhin in diesen Gefühlen zu regulieren weiß. Der Psychotherapeut bearbeitet diesen Punkt mit dem Patienten, der dabei realisiert, dass es eine Grenze der Exklusivität der therapeutischen Beziehung gibt, nämlich dort, wo der Psychotherapeut sein Vertrauen und die Sicherheit verliert, dass der Patient seine Impulse unter Kontrolle hat. In dem Moment, in dem er nicht mehr sicher sein könne, dass der Patient seine gewalttätigen Rachegedanken nicht in die Tat umsetze – so macht der Psychotherapeut dem Patienten deutlich – werde es gefährlich, so dass er sich gezwungen sähe, die Polizei zu informieren. Diese Klärung führt dazu, dass der Patient deutlich macht, dass er weiterhin zur Therapie kommen möchte, da sie ihm helfe, dass er aber auch sehe, dass er nicht mehr über alles offen sprechen könne. Er könne dem Psychotherapeuten nur vertrauen, wenn er sich sicher sein könne, dass nichts von dem, was er erzähle, den Therapieraum verlasse.

In diesem Moment realisiert der Psychotherapeut mit Schrecken, dass er vor wenigen Tagen einen schriftlichen Antrag für eine Kostenübernahme von weiteren 40 Sitzungen mit umfassenden Informationen über den Patienten an den vertrauensärztlichen Dienst der Krankenversicherung des Patienten gestellt hatte; dies entgegen seiner Gewohnheit, den Patienten vorher darüber zu informieren. Er traut sich nicht, dies dem Patienten jetzt zu sagen.

Nach der Sitzung greift er zum Telefon und ruft den Vertrauensarzt der Krankenversicherung an und bittet ihn, den gesandten Bericht zurückzuschicken; er müsse zuerst mit dem Patienten darüber sprechen, ob er weiterhin zur Psychotherapie kommen wolle und bereit sei, dass er als Psychotherapeut dem Vertrauensarzt einen Verlaufsbericht über die Therapie sende.

„Wann soll ich eine Gefährdung des Kindeswohls melden?" – Fallbeispiel von Binia Roth

Die Anmeldung des Patienten erfolgte durch dessen Mutter: Ihr 12-jähriger Sohn Jan sei wegen diffusem Unbehagen seit einem Monat nicht mehr zur Schule gegangen und deswegen vom Kinderarzt krankgeschrieben worden. Bisher sei kein Kontakt zur Schule erfolgt.

Als Grund für die Krankschreibung wurde zunehmendes Unwohlsein während des Unterrichts angegeben, das sich in Bauchschmerzen, Schwindel, Übelkeit, Drang auf die Toilette zu gehen, nervösen Zuständen und Herzklopfen äußere. Diese Symptome hätten plötzlich begonnen; vorausgegangen sei eine Übernachtungsparty bei Freunden, auf welcher Jan lange nicht habe einschlafen können. An den folgenden Tagen sei Jan zu Hause geblieben. Ein Versuch in der folgenden Woche am Unterricht teilzunehmen, sei an den obengenannten Symptomen gescheitert. Jan sei nach einer Stunde wieder nach Hause gekommen. Seither sei Jan seit mehr als einem Monat durchgehend zu Hause geblieben und wurde vom Kinderarzt krankgeschrieben. Ein erneuter Schulversuch wurde durch Jan kürzlich abgebrochen, da er auf dem Schulweg Hitzewallungen und einen trockenen Mund bekommen habe. Seitdem sei er zu Hause und weine viel. Zu Hause seien die Symptome weniger stark. Er verbringe die Zeit mit Surfen im Internet und mache Hausaufgaben, die ihm Schulkameraden vorbeibrächten.

Bei der Anmeldung wurde eine ambulante kinderpsychotherapeutische Begleitung empfohlen. Die Familie wollte jedoch keinen Kontakt zwischen

Psychotherapeutin und Schule. Die Psychotherapeutin wies darauf hin, dass ein Schulbeginn innert nützlicher Frist erfolgen müsse, da ein noch längeres Fernbleiben von der Schule die Symptomatik vermutlich verstärke und die Gefahr einer Chronifizierung drohe. Ansonsten wäre eine stationäre Aufnahme die einzige Alternative. Die Familie zeigte sich damit einverstanden.

In den Therapiestunden konnte Jan seine Befürchtungen gut benennen: er habe häufig Harndrang und getraue sich dann nicht an öffentliche Orte, wo er unsicher sei, ob es eine Toilette gäbe. Auf die Toilette in der Schule wolle er nicht gehen. Nach einer Phase der Psychoedukation, Aufklärung über Angstsymptome und Erklärungen zum Einfluss von katastrophisierenden Gedanken, die Jan im Übrigen sehr gut zu verstehen schien, wurden konkrete Übungen zur Planung einer Exposition angedacht. Jan lehnte alle Übungen kategorisch ab. Er kritisierte das psychotherapeutische Vorgehen und war der Auffassung, dass ihm seine Ängste ja vorab genommen werden müssten, bevor er in heikle Situationen hineingehen könne. Auf der anderen Seite wurde seine Bedürftigkeit und Hilflosigkeit in seiner Situation deutlich spürbar. So groß seine Verzweiflung war, so sehr lehnte er auch alle konkreten Übungen ab, die einen Schulbesuch beinhalteten. Seine Vermeidungshaltung wirkte schon sehr verfestigt. Die Psychotherapeutin thematisierte wieder die Dringlichkeit eines stationären Aufenthaltes, falls ambulant keine Fortschritte erzielt werden könnten. Dies wurde sowohl von Jan als auch von seiner Mutter ebenfalls rundweg abgelehnt. Als die Psychotherapeutin die Mutter erneut auf die dringend notwendige Kontaktaufnahme zwischen ihr und der Lehrerin ansprechen wollte, versuchte Jan dies aktiv zu verhindern. Die Mutter wies im Folgenden darauf hin, sie habe den Bericht der Schule selbst eingeholt und könne daher die Psychotherapeutin gut direkt informieren.

Eine Woche später kam Jan mit der überraschenden Information in die Psychotherapie, dass er nun wieder zur Schule gehe. Seine Mutter bestätigte dies gegenüber der Therapeutin. Er wolle aber weiter in die Psychotherapie kommen, um zu lernen, wie er mit den Ängsten genau umgehen könne. Aufgrund dessen drehte sich die nächste Psychotherapiesitzung um das Aushalten von unangenehmen Gefühlen in der Schule; ebenso wurden Hausaufgaben mit Konfrontationsübungen vereinbart. Eine weitere Woche später brach Jan die Psychotherapie plötzlich ab, weil er nun keine Begleitung mehr benötige. Die Mutter bestätigte dies.

Bei der Psychotherapeutin blieb das ungute Gefühl zurück, dass Jan möglicherweise trotz gegenteiliger Angaben von ihm und seiner Mutter nicht wieder zu Schule gegangen ist. Eine Überprüfung dieser Hypothese war jedoch aus Gründen der Schweigepflicht nicht möglich. Die Psychotherapeutin war ambivalent, ob sie die Behörden aufgrund einer möglichen Gefährdung des Kindeswohls informieren sollte oder nicht.

Die drei beschriebenen Fälle aus der klinischen Praxis werfen wichtige rechtliche und ethische Fragen zu den Themenbereichen Vertrauen, Vertraulichkeit, Privatheit, Geheimhaltung und den Grenzen der psychotherapeutischen Geheimhaltungspflicht auf. Auf den ersten Blick bezeichnen diese Themenbereiche sehr ähnliche Aspekte und es lohnt sich, eine Begriffsklärung vorzunehmen. Zudem werden in diesem Kapitel die Wichtigkeit und der ethische Status der Pflicht zur Vertraulichkeit begründet und es wird anhand normativer Ethiktheorien diskutiert, wann es moralisch geboten sein kann, die Vertraulichkeitspflicht zu verletzen. Schließlich wird die rechtliche Situation in Deutschland und der Schweiz hinsichtlich der Geheimhaltungspflicht und ihrer Grenzen skizziert und es wird in einer Reprise erneut Bezug auf die eingangs geschilderten klinischen Fälle genommen.

5.1 Vertraulichkeit, Vertrauen, Privatheit und Geheimhaltungspflicht

Definition: Vertraulichkeit

Der Begriff der *Vertraulichkeit* kann definiert werden als Geheimhaltung aller Informationen, die zwischen Psychotherapeuten (allgemein Angehörigen von Gesundheitsberufen) und ihren Patienten ausgetauscht oder von Psychotherapeuten während einer Psychotherapiesitzung wahrgenommen werden (z. B. Younggren & Harris, 2008; Koocher & Keith-Spiegel, 2016). Auf Seiten des Psychotherapeuten ist Vertraulichkeit eine Pflicht und für den Patienten ist sie ein Recht, sofern keine gültige Entbindungserklärung des Patienten von der Geheimhaltungsflicht des Psychotherapeuten vorliegt. Andere Begriffe für die Vertraulichkeits- und Geheimhaltungspflicht sind je nach Land und Gesetzgebung *Arztgeheimnis, Patientengeheimnis* oder *Schweigepflicht*. Neben Angehörigen von Gesundheitsberufen unterstehen dem Patientengeheimnis auch Anwälte oder Geistliche.

Definition: Privatheit

Die Begriffe der Vertraulichkeit und *Privatheit* werden oft vermischt und tatsächlich bereitet es gewisse Schwierigkeiten, diese auseinanderzuhalten. Privatheit beinhaltet den Anspruch von Personen darauf, selbst entscheiden zu können welche Gedanken, Gefühle und persönliche Daten oder auch welches Eigentum mit anderen geteilt wird. Damit ist Privatheit essenziell für die Wahrung menschlicher Würde und für die Freiheit zur Selbstbestimmung. Das Konzept der Vertraulichkeit hängt mit dem Konzept der Privatheit insofern zusammen, als dass ein Patient selbst darüber bestimmt, welche persönlichen Informationen er dem Psychotherapeuten offenbart (Privatheit), im Wissen, dass der Psychotherapeut verpflichtet ist, diese Informationen grundsätzlich vertraulich zu behandeln (Vertraulichkeit) und in der Hoffnung, dass er diese Verpflichtung ernst nimmt.

Vertraulichkeit versus Privatheit

Ein Unterschied zwischen Privatheit und Vertraulichkeit ist, dass das Ideal der Privatheit als absolut gesehen werden kann, während Vertraulichkeit in dem Sinne relativ ist, als dass sie kein unumstößliches Recht für den Patienten darstellt und in gewissen Fällen aufgrund gesetzlicher Bestimmungen Ausnahmen gemacht werden können oder sogar müssen (siehe Kapitel 5.4 zu den Ausnahmen von der Vertraulichkeitspflicht).

Privatheit als Komponente von Individualität

Privatheit ist eine essenzielle Komponente von Individualität und der eigenen Persönlichkeit. Wenn eine Person die Kontrolle darüber verliert, wer Zugang zu ihren privaten oder intimen Informationen hat, dann bleibt in gewisser Weise kein wahres Selbst mehr übrig. Gleichzeitig ist der Verlust der Kontrolle über intime Informationen mit einem Verlust der Würde verbunden.

Information der Patienten zur Vertraulichkeit

Um Unklarheiten hinsichtlich der Vertraulichkeit und ihrer Grenzen vorzubeugen, empfiehlt es sich, diese im Rahmen der informierten Einwilligung zu Beginn einer Psychotherapie zu diskutieren und allfällige Differenzen auszuräumen (siehe dazu auch Kapitel 2 zur Patientenaufklärung, Einwilligungsfähigkeit und informierten Einwilligung). Die explizite Information von Patienten über deren Recht auf Vertraulichkeit im Rahmen der informierten Einwilligung ist eine absolute Pflicht für Psychotherapeuten. Falls sich in diesem Prozess Fragen zur Vertraulichkeit ergeben, bei deren Beantwortung der Psychotherapeut unsicher ist, sollten diese vor dem formellen Beginn der Psychotherapie abschließend geklärt werden, allenfalls im Rahmen einer Konsultation von Kollegen mit entsprechender Expertise oder im Zweifelsfall auch unter Einbezug einer juristischen Fachperson (Younggren & Harris, 2008).

Vertraulichkeit versus Vertrauen

Vertraulichkeit ist eine der Grundlagen für *Vertrauen* und damit dafür, dass sich eine starke und tragfähige Therapiebeziehung entwickeln kann, im Rahmen derer Patienten gegenüber ihrem Psychotherapeuten auch Inhalte äußern, die unangenehm oder schambesetzt sind. Auf den ersten Blick erscheint die Pflicht zur Vertraulichkeit oft trivial und selbstverständlich, ist es doch eine der zentralen Grundlagen von erfolgreicher Psychotherapie. Erst auf den zweiten Blick zeigen sich im Zusammenhang mit dem Thema vielfach komplexe Fragen, Konstellationen und Fallstricke, über die es sich lohnt nachzudenken, bevor man sich als Psychotherapeut in einer heiklen moralischen oder rechtlichen Situation wiederfindet.

Berufsethische Richtlinien: Vertraulichkeit

- *Meta Code of Ethics der European Federation of Psychologists' Associations (EFPA, 2005):*

  Art. 2.1: They respect the rights of individuals to privacy, confidentiality [...]

  Art. 3.1.2 (i): Restriction of seeking and giving out information to only that required for the professional purpose.

  Art. 3.1.2 (v): Recognition of the tension that can arise between confidentiality and the protection of a client or other significant third parties.

- *Muster-Berufsordnung für die Psychologischen Psychotherapeutinnen und Psychotherapeuten der deutschen Bundespsychotherapeutenkammer (BPtK, 2007):*

  Art. 8 (1): Psychotherapeuten sind zur Verschwiegenheit über Behandlungsverhältnisse verpflichtet und über das, was ihnen im Zusammenhang mit ihrer beruflichen Tätigkeit durch und über Patienten und Dritte anvertraut und bekannt geworden ist. Dies gilt auch über den Tod der betreffenden Personen hinaus.

  Art. 8 (2): Soweit Psychotherapeuten zur Offenbarung nicht gesetzlich verpflichtet sind, sind sie dazu nur befugt, wenn eine wirksame Entbindung von der Schweigepflicht vorliegt oder die Offenbarung zum Schutze eines höherwertigen Rechtsgutes erforderlich ist.

- *Ethische Richtlinien der Deutschen Gesellschaft für Psychologie und des Berufsverbands Deutscher Psychologinnen und Psychologen (DGPs und BDP, 2005):*

  Kapitel B.III.1.1.: Psychologen sind nach § 203 StGB verpflichtet, über alle ihnen in Ausübung ihrer Berufstätigkeit anvertrauten und bekannt gewordenen Tatsachen zu schweigen, soweit nicht das Gesetz Ausnahmen vorsieht oder ein bedrohtes Rechtsgut überwiegt.

  Die Schweigepflicht von Psychologen besteht auch gegenüber Familienangehörigen der ihnen anvertrauten Personen. Ebenso besteht die Schweigepflicht von Psychologen gegenüber ihren Kollegen und Vorgesetzten.

- *Berufsordnung der Föderation der Schweizer Psychologinnen und Psychologen (FSP, 2011):*

  Präambel (1): Die Mitglieder [...] respektieren insbesondere deren Recht auf Autonomie und Selbstbestimmung, auf Vertraulichkeit und Privatsphäre.

  Art. 16: Mitglieder sind zur Geheimhaltung über alles verpflichtet, was ihnen im Rahmen ihrer psychologischen Tätigkeit anvertraut worden ist oder was sie wahrgenommen bzw. erfahren haben.

Art. 18: Mitglieder dürfen der Schweigepflicht unterliegende Informationen Dritten nur bekannt geben, wenn die nachweisliche Einwilligung der Klientin oder des Klienten bzw. der Patientin oder des Patienten dazu vorliegt, ein Bundesgesetz oder ein kantonales Gesetz dies verlangt, die zuständige Behörde das betreffende Mitglied von seiner Schweigepflicht entbunden hat oder eine akute Notsituation gegeben ist.

- *Berufskodex für Psychotherapeutinnen und Psychotherapeuten des Österreichischen Bundesministeriums für Gesundheit und Frauen (2012):*

  Kapitel III.4.: Recht der Patientin oder des Patienten auf den umfassenden Schutz der Persönlichkeitsrechte der Patientin oder des Patienten, insbesondere auch auf die uneingeschränkte Geheimhaltung jener der Psychotherapeutin oder dem Psychotherapeuten anvertrauten Geheimnisse; diese Verschwiegenheitspflicht von Psychotherapeutinnen und Psychotherapeuten, ihrer allfälligen Hilfspersonen und Supervisoren steht auch, sofern gesetzlich nicht anders bestimmt ist, über allfälligen Interessen der öffentlichen Gesundheitspflege und Rechtspflege.

5.2 Ethische Begründung der Pflicht zur Vertraulichkeit

Warum Vertraulichkeit eine moralische Pflicht ist

Vertraulichkeit in der Psychotherapie ist eine moralische Pflicht. Im Folgenden wird diese begründet. Wie stark diese moralische Pflicht ist, kann anhand der Grundprinzipien der medizinischen Ethik gezeigt werden, von denen nicht weniger als drei direkt mit der Pflicht zur Vertraulichkeit zusammenhängen (siehe Kasten zur Prinzipienethik auf den Seiten 10 bis 11). Die Pflicht zur Vertraulichkeit kann erstens abgeleitet werden vom ethischen Prinzip des Respekts vor der Selbstbestimmung (Respekt vor der Autonomie) und zweitens von den Prinzipien der Fürsorge (Benefizienz) und des Nichtschadens.

Die medizinethischen Prinzipien der Fürsorge und des Nichtschadens sind im Zusammenhang mit Vertraulichkeit deshalb zentral, weil im Falle der Missachtung der Vertraulichkeit das Vertrauen in den Psychotherapeuten verloren geht oder – schlimmer noch – der Patient sich betrogen fühlt. Der Psychotherapeut schadet mit diesem Verstoß gegen das Prinzip des Nichtschadens dem Patienten und verspielt die Möglichkeit, diesem bei der Erreichung seiner Therapieziele nützlich zu sein, was einem Verstoß gegen das Prinzip der Fürsorge gleichkommt.

Über die Erreichung der Therapieziele hinaus kann ein Bruch der Vertraulichkeitspflicht des Psychotherapeuten einen Patienten in eine psychische oder physische Risikosituation bringen. Beispielsweise kann eine Verletzung der Vertraulichkeitspflicht durch den Psychotherapeuten hinsichtlich der homosexuellen Orientierung eines Patienten schwere unberechenbare Konsequenzen haben, falls der Patient einer Familie entstammt, die Homosexualität konsequent ablehnt.

Abgesehen von persönlichen Nachteilen für Patienten, die im Fall einer Verletzung der Vertraulichkeitspflicht entstehen können, unterminieren solche Verletzungen das öffentliche Vertrauen in die ganze Profession der Psychotherapeuten. Damit werden die Möglichkeiten einer ganzen Berufsgruppe reduziert, Patienten wirksam zu helfen.

Vertraulichkeit als Tugend

Aus Sicht *tugendethischer Ansätze* (siehe Kasten zur Tugendethik auf den Seiten 58 bis 59) reflektiert die Einhaltung der Vertraulichkeitspflicht durch Psychotherapeuten die Tugenden der Integrität, der Vertrauenswürdigkeit, Zuverlässigkeit und des Respekts, alles wiederum Eigenschaften, die der Entwicklung einer starken Therapiebeziehung nützlich sind, die ihrerseits dem Therapieerfolg zugutekommt.

Vertraulichkeit als Teil der Care-Ethik

Die Verpflichtung zur Vertraulichkeit ist auch zentraler Bestandteil der Care-Ethik (Held, 2005; siehe Textkasten zur Care-Ethik unten), nach welcher Personen aufeinander angewiesen sind und entsprechend die Bedürfnisse derer erkennen und entsprechen sollen, für die sie Verantwortung tragen. Jeder Psychotherapeut trägt die Verantwortung, seinen Patienten zu helfen und ihnen vor allem keinen Schaden zuzufügen. Um dies zu erreichen muss er die Bedürfnisse seiner Patienten erkennen und im Sinne der Care-Ethik so handeln, dass diese Bedürfnisse ernst genommen werden, beispielsweise das Bedürfnis, dass private Informationen vertraulich behandelt werden.

Care-Ethik

Die moralische Bedeutung von Beziehungen

Die *Care-Ethik* (ethics of care; Held, 2005) ist eine Form relationaler Ethik, in dem Sinne als dass die moralische Bedeutung von Beziehungen hervorgehoben wird. Der zentrale Fokus liegt nach Held in der offensichtlichen moralischen Salienz des Erkennens und Handelns im Sinne der menschlichen Bedürfnisse derjenigen Personen, für die wir Verantwortung übernehmen. Die Care-Ethik respektiert und berücksichtigt den Umstand, dass Menschen die meiste Zeit ihres Lebens voneinander abhängig sind sowie miteinander in mitunter unfreiwilligen Beziehungen stehen und betont die damit zusammenhängenden moralischen Herausforderungen.

Ethische Berücksichtigung von Emotionen

Ein weiteres Charakteristikum der Care-Ethik ist, dass sie im Gegensatz zu den klassischen normativen Ethiktheorien Menschen nicht nur als rational und abstrakt denkende Individuen ansieht, sondern auch emotionale und aktuelle situative Aspekte einer Person berücksichtigt. Die moralische Hauptaufgabe einer Person besteht darin, die Beziehungen zu anderen Personen aktiv unter Bezugnahme auf die eigenen Bedürfnisse und die Bedürfnisse anderer zu gestalten.

5.3 Wann ist es moralisch geboten, die Vertraulichkeitspflicht zu verletzen?

Ausnahmen von der Vertraulichkeitspflicht

Auch beim Thema der Vertraulichkeit gilt: „Keine Regel ohne Ausnahme". Tatsächlich gibt es zahlreiche Ausnahmen von der Vertraulichkeitspflicht, die aus ethischen Gründen ebenso wichtig sind, wie das Gebot der Vertraulichkeit selbst. Aus ethischer Sicht sind diese Ausnahmen besonders brisant, weil sie mit der Pflichtenethik/Deontologie und dem Utilitarismus zwei fundamentale normative Ethiktheorien direkt betreffen (siehe dazu auch den Kasten zu Deontologie und Konsequentialismus auf den Seiten 92 bis 93).

Stellen Sie sich beispielsweise den Fall vor, dass ein Patient in der Psychotherapie mehrmals und glaubhaft beschreibt, wie er aktuell einen terroristischen Anschlag vorbereitet. Einerseits hat der Psychotherapeut zu Beginn der Therapie zugesichert, dass er an die Vertraulichkeitspflicht gebunden ist; andererseits fühlt er sich als Mensch und als Mitglied der Gesellschaft moralisch verpflichtet, seine Mitmenschen vor einer solchen Tat zu bewahren.

Vertraulichkeit in der Pflichtethik

Ein Pflichtenethiker im Sinne des Philosophen Immanuel Kants könnte argumentieren, dass die moralische Pflicht zur Vertraulichkeit ein absolutes Gebot darstellt, gegen das unter keinen Umständen verstoßen werden darf, da dahinter ein wichtiges Motiv steht (Deontologie), ähnlich wie beim Gebot „Du sollst nicht töten" oder dem Gebot „Du sollst nicht stehlen". Würde einmal gegen die Pflicht zur Vertraulichkeit verstoßen, so würden sich auch das nächste Mal und in der Folge immer wieder Gründe finden lassen, dagegen erneut zu verstoßen. Würde sich dieses Verhalten längerfristig aufgrund vieler Ausnahmen von den Regeln durchsetzen, so würde in der Summe viel mehr Schaden angerichtet werden als bei der Inkaufnahme eines möglichen Terroranschlags in einem spezifischen Fall.

Vertraulichkeit im Utilitarismus

Ein Utilitarist könnte dagegen argumentieren, dass es nicht auf das Motiv einer Handlung ankommt, sondern dass bei jeder Handlung alleine die Konsequenzen der Handlung zählen (Konsequentialismus) und dass der moralische Wert einer Handlung am resultierenden Nutzen, nämlich am „größten Glück für die größte Zahl" gemessen werden sollte. Das Ziel jeder Handlung ist demgemäß, dass die Handlung in der Summe mehr Gutes statt Schlechtes für die Mehrheit der Menschen bewirkt. Ein Utilitarist würde in unserem Beispiel also aufgrund einer Schaden-Nutzen-Analyse und dem Vergleich der verschiedenen Handlungskonsequenzen argumentieren, dass der Psychotherapeut bei der Gefahr eines terroristischen Anschlags gegen die Pflicht zur Vertraulichkeit verstoßen sollte, da ansonsten viele Menschenleben auf dem Spiel stehen.

Moral versus Recht

In der Psychotherapie- und Medizinethik geht es oft um Themen mit hoher Bedeutung und Tragweite für die betroffenen Personen wie beispielswiese das Lebensende und den Schutz des Lebens oder um Gefahren für das körperliche oder psychische Wohlbefinden. Eine hohe Bedeutung und Tragweite moralischer Fragen rechtfertigt es vielfach, diese auch rechtlich zu regeln. Rechtlich geregelt sind aus diesem Grund etwa Themen wie die Sterbehilfe, Abtreibung oder psychiatrische Zwangsbehandlungen. Einige dieser rechtlichen Regelungen werfen jedoch aufgrund ihrer ethischen Brisanz die Frage auf, wie das Verhältnis zwischen Moral und Recht beschaffen ist oder beschaffen sein sollte.

Das Verhältnis zwischen Moral und Recht

In weitesten Sinn befasst sich die Ethik damit, was jemand tun soll, was gut, gerecht, wertvoll und vernünftig ist. Dahinter stehen mehr oder weniger elaborierte Theorien von „richtig und falsch" oder „gut und schlecht". Die Theorien drücken sich oft in generellen Prinzipien aus, die ihrerseits zu Verhaltensregeln führen. Die Moral entspricht einem *sozialen Ideal, wie sich Personen zueinander verhalten sollten.*

Das Recht hingegen ist strukturiert, formalisiert und oft abgeleitet aus tradierten Gewohnheiten. Es besteht zwar weitgehend Einigkeit darüber, dass das Recht auf gesellschaftlichen Traditionen dessen basieren sollte, was als gut angesehen wird, da es das Gerechte und das Richtige unterstützt und schützt. Faktisch geht es im Recht jedoch weniger um soziale Ideale. Oft wird der Unterschied zwischen Moral und Recht deshalb auch als Unterschied zwischen *moralischen Regeln* und *moralischen Idealen* beschrieben (Candilis, 2002). Das Recht sollte demnach nur solche Regeln beinhalten, die entscheidend sind, um das soziale Gefüge aufrechtzuerhalten, beispielsweise die Sicherheit oder Verträge. Entsprechend sollte außerordentliches und herausragendes moralisches Verhalten nicht gesetzlich festgelegt werden.

H.L.A. Hart, einer der einflussreichsten Rechtsphilosophen des 20. Jahrhunderts beschrieb unter Bezugnahme auf die Balance zwischen Kosten und Nutzen eine Grenze der gesellschaftlichen Tragbarkeit in Bezug auf die Durchsetzung rechtlicher Normen (Hart, 1961). Aus seiner Sicht wären die Kosten für eine Gesellschaft zu hoch, wenn sie jedes moralische Fehlverhalten sanktionieren müsste, z.B. aufgrund der Beweislast oder der Überlastung der Gerichte.

Hart identifizierte zudem zwei spezifische Bereiche, in denen sich der Unterschied zwischen Moral und Recht intuitiv deutlich zeige: Erstens, *Immunität* hinsichtlich rascher Anpassung respektive Veränderungen. Das Recht kann zum Beispiel durch einen Parlamentsentscheid geändert werden; dagegen setzt die Veränderung von Moral voraus, dass sich gesellschaftliche Empfindungen, Werte oder Sitten ändern. Zweitens wird der Unterschied von *rechtlichem versus moralischem Druck* betont. Rechtlicher Druck besteht meistens darin, dass Personen gewisse Verhaltensweisen unter Androhung von Sanktionen unterlassen. Moralischer Druck hingegen zeigt sich primär in Form von sozialer Missbilligung wie dem Abbrechen sozialer Kontakte. Das Recht fokussiert meistens auf *negative Pflichten*; die Moral beinhaltet neben negativen auch zahlreiche *positive Pflichten*.

Aus Sicht betroffener Patienten sind gewisse Bereiche der Medizin und der Psychotherapie rechtlich wohl zu wenig geregelt, beispielsweise wenn es um (nichtsexuelle) Mehrfachbeziehungen mit Patienten geht (zur Besprechung dieses Themas aus ethischer Sicht siehe Kapitel 3).

Nicht alles, was moralisch gut ist, soll geregelt werden

Es ist jedoch zu betonen, dass es für viele ethische Themen enorm schwierig oder gar unmöglich wäre, sie in Gesetzesartikel zu fassen und dass auch dann ihre Einhaltung kaum oder gar nicht überprüft werden könnte. Ein Beispiel aus der Psychotherapie sind beispielswiese aus ethischer Sicht durchaus relevante Aspekte der Therapiebeziehung wie empathische Gesprächsführung oder Respektierung der persönlichen Werte des Patienten. Diese sind zwar moralisch wünschenswert und haben positive Auswirkungen auf Prozess und Ergebnis einer Psychotherapie. Trotzdem ist es kaum sinnvoll, sie rechtlich vorzuschreiben. Es ist nicht Aufgabe des Gesetzgebers, sondern Aufgabe der entsprechenden Psychotherapie-Berufsverbände, Ausbildungsstätten und klinischen Institutionen, sicherzustellen, dass ethische Themen in der Ausbildung, Weiterbildung und Supervision thematisiert werden und dass eine Kultur gepflegt wird, in der die Diskussion ethischer Themen willkommen ist und nicht als „zu persönlich“, „unwissenschaftlich“ oder gar „unwichtig“ für den klinischen Alltag abgetan wird.

5.4 Ausnahmen von der Vertraulichkeitspflicht

Gewisse Ausnahmen von der moralischen Pflicht zur Vertraulichkeit können ethisch gerechtfertigt werden. Einige solcher Ausnahmen haben sich in gesetzlichen Regeln manifestiert, da im Gesetzgebungsprozess davon ausgegangen worden ist, dass in diesen spezifischen Fällen der Verzicht auf Vertraulichkeit mehr Gutes als Schlechtes für die Gemeinschaft bewirkt. Interessanterweise sind die rechtlichen Grenzen der Geheimhaltungspflicht vielen Psychotherapeuten nicht genügend bekannt, was Risiken für den Therapie-

Formen der Ausnahmen von der Vertraulichkeitspflicht

erfolg oder direkt für den Psychotherapeuten mit sich bringen kann. Younggren und Harris (2008) nennen zwei generelle Formen von Ausnahmen von der Vertraulichkeitspflicht:

1. Psychotherapeuten können von der Vertraulichkeitspflicht dann ausgenommen sein, wenn diese in Konflikt mit anderen wichtigen Rechtsgütern oder Interessen der Allgemeinheit, die im konkreten Fall stärker gewichtet werden, steht.
2. Ausnahmen von der Vertraulichkeitspflicht können auch dann gemacht werden, wenn sich eine Person in einer Weise verhält, die mit den Gründen inkonsistent ist, weshalb ihre Privatsphäre überhaupt erst geschützt wurde. Ein Beispiel dafür wäre, wenn der Patient gegenüber dem Psychotherapeuten eine Morddrohung äußert oder wenn ein Patient vor Gericht seinen psychischen Zustand als Argument für seine verminderte Schuldfähigkeit anführt und der Psychotherapeut die entsprechenden Informationen der Justiz in der Folge zur Verfügung stellen muss. Immer wenn es darum geht, „ein eigenes oder das Rechtsgut einer anderen Person aus einer unmittelbaren, nicht anders abwendbaren Gefahr zu retten" (Art. 17, Schweizerisches Strafgesetzbuch; siehe auch Art. 34, Deutsches Strafgesetzbuch), darf die Vertraulichkeitspflicht aufgehoben werden.

Melderechte und Meldepflichten

Konkrete Melderechte und Meldepflichten

In Deutschland und der Schweiz bestehen eine Reihe gesetzlicher Melderechte und -pflichten, in deren Rahmen die Gesundheitsfachperson automatisch von der Vertraulichkeitspflicht entbunden ist und keine Einwilligung des Patienten einholen muss. Beispiele sind die

- Meldepflicht von übertragbaren Krankheiten im Rahmen der Epidemien- respektive der Infektionsschutz-Gesetzgebung,
- die Meldepflicht einer Kindeswohlgefährdung,
- das Melderecht bei mangelnder Fahrtüchtigkeit im Rahmen der Straßenverkehrsgesetze,
- das Melderecht strafbarer Handlungen an Minderjährigen und von Informationen an die Sozialversicherungen.

Ausnahmen im Sozialversicherungsrecht

Die Sozialversicherungsgesetze beispielswiese heben die Vertraulichkeitspflicht aber nicht generell auf. Vielmehr berechtigen diese die Gesundheitsfachpersonen nur im Einzelfall und hinsichtlich eines konkreten Sachverhalts dazu, der Sozialversicherung die Informationen zukommen zu lassen, die diese benötigt, um ihren gesetzlichen Auftrag zu erfüllen (Deutsches Sozialgesetzbuch, SGB; Schweizerische Akademie der Medizinischen Wissenschaften, 2013).

Freiwilliger Verzicht auf Vertraulichkeit

Neben den obengenannten gesetzlichen Melderechten und -pflichten besteht für den Patienten die Möglichkeit, freiwillig zuzustimmen, dass der Psychotherapeut Informationen weitergeben darf. Typischerweise ist dies der Fall, wenn der Patient Leistungen einer privaten Krankenversicherung bezieht und zuhanden des verantwortlichen Vertrauensarztes Rechenschaft hinsichtlich Anzahl und Dauer der Sitzungen, Diagnosen, Behandlungserfolg oder Prognosen ablegen muss. Sicherheitshalber sollte dies mittels einer eigenhändig unterschriebenen Entbindungserklärung des Patienten von der Vertraulichkeitspflicht des Psychotherapeuten gegenüber dem entsprechenden Leistungserbringer geschehen, obwohl aus juristischer Sicht die mündliche Einwilligung genügt.

5.5 Reprise der Fälle

Im ersten skizzierten klinischen Fall dieses Kapitels weiß die Psychotherapeutin, dass sie durch die Weitergabe medizinischer Informationen an die Asylbehörden den gegenwärtigen Aufenthaltsstatus der Patientin gefährden könnte, und sie fühlt sich moralisch verpflichtet, ihre Patientin davor zu schützen. Die Psychotherapeutin gerät dadurch in einen moralischen Konflikt: Einerseits fühlt sie sich der Patientin und ihrem Wohlergehen verpflichtet; andererseits fühlt sie sich auch dem Gesetz gegenüber verpflichtet, das von ihr verlangt, gewisse private Informationen der Patientin, die unter normalen Umständen der Vertraulichkeitspflicht unterliegen, zuhanden der Behörden offenzulegen.

Würde sich die Psychotherapeutin aufgrund ihrer ethischen Güterabwägung aus Gewissensgründen dazu entschließen, den Behörden nur unvollständige oder falsche Informationen zur Verfügung zu stellen, um die Patientin und ihre Familie vor einer Ausweisung zu schützen, macht sie sich strafbar und muss sich allenfalls gerichtlich dafür verantworten. Eine solche Widersetzung gegen geltendes Recht aus ethischen Gründen respektive Gewissensgründen kann in einem weiten Sinn als ziviler Ungehorsam bezeichnet werden (siehe dazu Kasten zu ziviler Ungehorsam auf Seite 52).

Im zweiten skizzierten klinischen Fall zu Beginn des Kapitels kannte der Psychotherapeut zwar seine Verpflichtung, der Krankenversicherung nur Informationen weiterzugeben, wenn der Patient explizit seine Zustimmung gegeben hat. Dem Psychotherapeuten ist jedoch trotz seines grundsätzlichen Wissens über die Rechtslage ein Fehler unterlaufen und er hat in diesem Fall vergessen, den Patienten um die Erlaubnis zur Weitergabe des Berichts an die Krankenversicherung zu fragen. Die anschließende Reaktion des Psychotherapeuten, den Vertrauensarzt der Krankenversicherung zu informieren und ihn zu bitten, den gesandten Bericht nicht zu lesen, sondern zurückzuschicken, ist hingegen richtig. Der Psychotherapeut ist aus moralischer Sicht zudem dazu verpflichtet, sein Versäumnis mit dem Patienten zu besprechen, sich zu entschuldigen und zu klären, ob das Vertrauensverhältnis nach diesem Versäumnis noch gegeben ist, um die Psychotherapie fortzuführen (zum Thema professionelle Kompetenz und Behandlungsfehler siehe Kapitel 6).

Das dritte skizzierte Fallbeispiel ist weniger eindeutig. Jan, der aufgrund verschiedener Angstsymptome seit über einem Monat nicht mehr zur Schule geht, lehnt alle vorgeschlagenen Konfrontationsübungen der Psychotherapeutin ab, da er sich zu stark vor der Exposition fürchtet. Nach einiger Zeit erklären Jan und seine Mutter unerwartet plötzlich, dass er nun wieder zur Schule gehe und brechen die Psychotherapie anschließend ab. Die Psychotherapeutin hat den Verdacht, jedoch keinen Beweis, dass Jan auch nach dem Abbruch der Psychotherapie immer noch nicht zur Schule geht und sieht deshalb sein langfristiges Wohl gefährdet. Sie ist ambivalent, ob sie den Behörden eine mögliche Kindeswohlgefährdung melden soll, obwohl die Mutter von Jan ihr mehrmals gesagt hat, dass sie keine Kontakte mit der Schule oder anderen externen Personen hinsichtlich Jan haben dürfe.

Die Psychotherapeutin befindet sich in einem moralischen Konflikt zwischen der Einhaltung der Vertraulichkeitspflicht und der Weitergabe von Patienteninformationen bei der Meldung einer potenziellen Kindeswohlgefährdung. Gemäß des Deutschen Jugendinstituts liegt eine Kindeswohlgefährdung dann vor, wenn das körperliche, geistige und seelische Wohl eines Kindes folgenschwere Beeinträchtigungen erleidet, die dauerhafte Schädigungen in der Entwicklung bewirken können (Kindler, Lillig, Blüml, Meysen & Werner, 2006). Längerdauerndes Schule schwänzen kann dem Handbuch des Deutschen Jugendinstituts zufolge dieses Kriterium erfüllen und das Abhalten vom Schulbesuch durch die Eltern gilt als

> Vernachlässigung ersten Ranges. [...] Erziehungsunvermögen der Eltern, das sich in Entwicklungsdefiziten und Verhaltensauffälligkeiten des Kindes niederschlägt, kann als Sorgerechtsmissbrauch im Sinne des § 1666 BGB gewertet werden, wobei in dem Standardkommentar von Palandt (steht auf jedem Familienrichter-Schreibtisch) nicht nur das beharrliche Abhalten vom Schulbesuch, sondern auch sehr häufige Schulversäumnisse der SchülerInnen als Einzelfälle aufgeführt werden. (Kindler et al., 2006, S. 226)

Für die Psychotherapeutin wäre es einfacher, wenn sie nicht nur einen subjektiven Verdacht („Bei der Psychotherapeutin blieb das ungute Gefühl zurück"), sondern objektive Hinweise hätte, dass Jan immer noch nicht zur Schule geht. Aus juristischer Sicht sind Psychotherapeuten bei einem solchen „begründeten Verdacht" einer Kindeswohlgefährdung *mitteilungspflichtig*. *Mitteilungsberechtigt* sind Psychotherapeuten und alle anderen Personen jedoch bereits bei jeder Form eines subjektiven Verdachts.

Definition: Ziviler Ungehorsam

Ziviler Ungehorsam

In einem weiten Sinn bedeutet *ziviler Ungehorsam* gemäß Howard Zinn (1968) „die überlegte und gezielte Übertretung von Gesetzen um dringender gesellschaftlicher Ziele willen" (S. 119), also ein bewusster Verstoß gegen geltende rechtliche Normen aus ethischen Gründen.

In einem deutlich engeren Sinn definierte Jürgen Habermas (1983) den Begriff: „Ziviler Ungehorsam ist ein moralisch begründeter Protest, dem nicht nur private Glaubensüberzeugungen oder Eigeninteressen zugrunde liegen dürfen; [...] er schließt die vorsätzliche Verletzung einzelner Rechtsnormen ein, ohne den Gehorsam gegenüber der Rechtsordnung im Ganzen zu affizieren; er verlangt die Bereitschaft, für die rechtlichen Folgen der Normverletzung einzustehen; die Regelverletzung, in der sich ziviler Ungehorsam äußert, hat ausschließlich symbolischen Charakter – daraus ergibt sich schon die Begrenzung auf gewaltfreie Mittel des Protests" (S. 35; Anmerkung der Autoren: „symbolisch" meint hier, dass niemand körperlichen Schaden oder größeren materiellen Schaden erleiden darf).

6 Professionelle Kompetenz und Behandlungsfehler

„Wer ist hier die Patientin?“ – Fallbeispiel von Simone Munsch und Annette Cina

Amanda J. ist 17 Jahre alt und kommt auf eigenen Wunsch ins Zentrum für Psychotherapie. Sie leidet seit ungefähr einem Jahr unter wiederkehrenden Ängsten, die Vortragssituationen in der Schule, sowie den Aufenthalt in engen Räumen, beispielswiese bei Kinobesuchen und beim Benutzen des Busses zur Schule betreffen. Diese Situationen lösen jeweils eine deutliche Angst aus, es könnte etwas Peinliches und Bedrohliches passieren. Zudem berichtet Amanda J., dass sie es zunehmend vermeide, ins Kino zu gehen oder Bus zu fahren, was sie in ihrem Alltag beeinträchtige. Wenn sie gezwungen sei, den Bus zur Schule zu benutzen oder wenn sie sich vornehme, ins Kino zu gehen, löse dies massive Ängste aus, die auch von Schwindel und Übelkeit begleitet seien. Zurzeit besuche Amanda J. die lokale Berufsmittelschule und wohne bei ihren Eltern in einer eher ländlichen Gegend. Sie befürchte nun, ihr Berufsziel medizinische Fachangestellte nicht erreichen zu können, falls die Ängste zunehmen. Ihre Freundinnen und die Eltern seien über ihre Probleme informiert und unterstützten ihre Entscheidung, professionelle Hilfe zu suchen.

Beim Erstgespräch kann Amanda J. ihre Problematik präzise schildern. Sie berichtet, dass sie als Kind bereits unter Trennungsangst gelitten habe und beispielsweise nur selten bei Freundinnen übernachtet habe. Sie habe sich bereits im Internet informiert, was bei Ängsten zu tun sei und berichtet, dass sie wisse, dass sie sich der Angst „stellen“ müsse. Davor habe sie jedoch große Angst. Die diagnostische Abklärung ergibt, dass bei Amanda J. eine Agoraphobie vorliegt. Hingegen können die volle Ausprägung einer Panikstörung sowie einer sozialen Angststörung ausgeschlossen werden.

Die Behandlung erfolgt in Anlehnung an ein evidenzbasiertes Störungsmodell, das nebst der Einbettung der Problematik in die aktuelle Lebenssituation von Amanda J. Verfahren zur Entspannung und ein Modul der Konfrontation mit den angstauslösenden Situationen beinhaltet. Zu Beginn der Therapie wird die Konfrontation vorbereitet, indem Amanda J.

und die Psychotherapeutin gemeinsam vorhandenes Wissen zur Aufrechterhaltung von Angstsymptomen erarbeiten und in das persönliche Störungsmodell einarbeiten. Hierzu gehören Informationen über den Auf- und Abbau von Angstsymptomen (Angst, Befürchtungen, Vermeidungsverhalten, Schwindel und Übelkeit). Im Gespräch stellt sich heraus, dass die angstauslösende Situation „Kinobesuch" zwar seltener auftritt, jedoch deutlich stärkere Angst auslöst, als das Benutzen des Busses zur Schule. Da Amanda J. sich die Konfrontation mit dem Kinobesuch zutraut, wird vereinbart, die Konfrontation mit der stärker angstauslösenden Situation als Erstes anzugehen. Entsprechende Vorbereitungen werden getroffen und die Psychotherapeutin reserviert im lokalen Kino einen Saal zur Durchführung der Konfrontation. Die Psychotherapeutin erhält den Schlüssel für einen Saal und trifft sich abends nach der letzten Vorführung mit der Patientin zur Durchführung der Konfrontation. Wie geplant nehmen die beiden Platz und beginnen bei abgedunkeltem Licht mit der Konfrontation. Zu Beginn der Übung hat die Patientin Schwierigkeiten, sich auf die Konfrontation einzulassen, da sie plötzlich befürchtet, massive Ängste zu erleben. Die Psychotherapeutin insistiert wie vereinbart und hält am Verbleib im Kinosaal fest, worauf die Patientin zustimmt. Die Ängste stellen sich ein und fallen unerwartet massiv aus. Während der Phase, in der die Psychotherapeutin die Patientin wiederholt anleitet, die Angst auszuhalten, geht das Licht im Saal ganz aus und die beiden sitzen im Dunkeln. Die Dunkelheit verstärkt die Angst der Patientin und löst auch bei der Psychotherapeutin Ängste aus. Der Psychotherapeutin wird es immer unheimlicher und sie bricht die Konfrontation vorzeitig ab, obwohl die Ängste der Patientin immer noch hoch sind und nicht ausreichend reduziert werden konnten. Die Psychotherapeutin reagiert in dieser Situation selbst unerwartet mit Angst auf die heftige Symptomatik und den damit verbundenen Leidensdruck der Patientin.

Das oben beschriebene Fallbeispiel mit Amanda J. wirft verschiedene Fragen auf. Ist der Psychotherapeutin ein therapeutischer Kunstfehler unterlaufen? Hätte die Psychotherapeutin die Patientin zuerst mit der weniger angstauslösenden Situation des Busfahrens konfrontieren sollen, um das Vertrauen in die Therapiebeziehung und in die Methode der Expositionstherapie zu stärken? Hätte die Exposition im Kino früher abgebrochen werden sollen? Kannte sich die Psychotherapeutin selbst zu wenig gut und war sie zu wenig auf die Situation vorbereitet, dass sie selbst plötzlich Ängste entwickelt hat? All diese Fragen, die auf den ersten Blick primär klinisch sind und die therapeutischen Kompetenzen der Psychotherapeutin betreffen, haben eine ethische Dimension: Hat die Psychotherapeutin nicht nur klinisch, sondern auch moralisch falsch gehandelt, weil sie der Patientin mit der missglückten Exposition mehr geschadet als genützt hat? Sie hätte damit eines der grundlegenden Prinzipien der medizinischen Ethik verletzt, nämlich der Patientin primär keinen Schaden zuzufügen (siehe Kasten zur Prinzipienethik auf den Seiten 10 bis 11). Hat sie gleichzeitig das medizinethische Prinzip der Fürsorge und des Wohltuns verletzt, das die positive Verpflichtung beinhaltet Handlungen durchzuführen, die das Wohlergehen der Patientin fördern?

6.1 Ethische Relevanz professioneller Kompetenz

Definition: Professionelle Kompetenz

Professionelle Kompetenz ist vielleicht die offensichtlichste moralische Verpflichtung einer jeden Fachperson im Gesundheitswesen, da fachlich inkompetente klinische Handlungen die Wahrscheinlichkeit stark erhöhen, dass dem Patienten Schaden zugefügt wird und damit gleichzeitig die Wahrscheinlichkeit sinkt, dem Patienten zu helfen.

Professionelle Kompetenz ist nicht leicht zu definieren. Die meisten Psychotherapie-Ethiker gehen jedoch davon aus, dass folgende drei Komponenten für professionelle Kompetenz von Psychotherapeuten essenziell sind (Pope & Vasquez, 2010; Welfel, 2013):
1. Fachwissen,
2. klinische Fertigkeiten oder Skills und
3. Sorgfalt und Gewissenhaftigkeit.

Berufsethische Richtlinien: Professionelle Kompetenz

- *Meta Code of Ethics der European Federation of Psychologists' Associations (EFPA, 2005):*

  Art. 1: Psychologists develop a valid and reliable body of knowledge based on research and apply that knowledge to psychological processes and human behaviour in a variety of contexts.

  Art. 2.2: Psychologists strive to ensure and maintain high standards of competence in their work. They recognise the boundaries of their particular competencies and the limitations of their expertise. They provide only those services and use only those techniques for which they are qualified by education, training or experience.

  Art. 3.2.2: Obligation to practise within the limits of competence derived from education, training and experience.

  Art. 3.4.1: Obligation to be self-reflective and open about personal and professional limitations and a recommendation to seek professional advice and support in difficult situations.

- *Muster-Berufsordnung für die Psychologischen Psychotherapeutinnen und Psychotherapeuten der deutschen Bundespsychotherapeutenkammer (BPtK, 2007):*

  Art. 1 (1): Psychotherapeuten üben die Heilkunde unter Berücksichtigung der aktuellen wissenschaftlichen Standards aus mit dem Ziel, Krankheiten vorzubeugen und zu heilen, Gesundheit zu fördern und zu erhalten sowie Leiden zu lindern.

- *Ethische Richtlinien der Deutschen Gesellschaft für Psychologie und des Berufsverbands Deutscher Psychologinnen und Psychologen (DGPs und BDP, 2005):*

  Kapitel A: Psychologen arbeiten auf der Basis von zuverlässigem und validem, wissenschaftlich fundiertem Wissen. [...] Verantwortliches berufliches Handeln erfordert hohe fachliche Kompetenz.

- *Berufsordnung der Föderation der Schweizer Psychologinnen und Psychologen (FSP, 2011):*

  Präambel (2): Die Mitglieder stellen einen möglichst hohen Kompetenzstandard ihrer psychologischen Tätigkeit sicher und erhalten diesen aufrecht. [...] Entsprechend wenden sie nur Verfahren, Methoden und Techniken an, für die sie durch Aus-, Weiter- und Fortbildung oder durch Erfahrung qualifiziert sind.

6.1.1 Fachwissen

Fachwissen als Komponente professioneller Kompetenz

Sich *Fachwissen* als Komponente professioneller Kompetenz anzueignen bedeutet nicht nur hinsichtlich der Theorie, der historischen Hintergründe und des Standes der Wissenschaft innerhalb der eigenen Fachdisziplin geschult zu sein, sondern auch das Wissen darüber, wo die Grenzen der eigenen Fachdisziplin liegen und wo es weiterer wissenschaftlicher Anstrengungen bedarf, um psychotherapeutische Prozesse und Wirkfaktoren besser zu verstehen. Fachwissen über die eigene Disziplin beinhaltet entsprechend auch die Fähigkeit, neue Theorien und Forschungsresultate in den eigenen aktuellen Wissensstand zu integrieren und das bestehende Fachwissen entsprechend zu reflektieren und allenfalls zu revidieren. Dies ist im Feld der Psychotherapie besonders wichtig, da sich Theorie und Wissenschaft in der Psychotherapie kontinuierlich weiterentwickeln. Pope und Vasquez (2010) bezeichnen diesen Aspekt auch als *intellektuelle Kompetenz*.

Aneignung und Aktualisierung von Fachwissen

Der erste Schritt der Aneignung von Fachwissen als Teil professioneller Kompetenz ist ein erfolgreicher Abschluss eines Psychologie- oder Medizinstudiums an einer Hochschule und die anschließende Absolvierung einer akkreditierten postgradualen Psychotherapie-Weiterbildung. Eine Akkreditierung durch die entsprechenden nationalen oder Landes-Berufsverbände ist dabei ein Qualitätsmerkmal, um die professionelle Kompetenz des psychotherapeutischen Nachwuchses sicherzustellen.

Es ist offenkundig, dass es auch nach der Absolvierung einer akkreditierten postgradualen Weiterbildung einer kontinuierlichen Fortbildung bedarf, um mit der stetigen Weiterentwicklung von Theorie und Praxis im Feld der Psychotherapie Schritt zu halten. In diesem Sinn stellt eine postgraduale Weiterbildung das Minimum an fachlicher Qualifikation dar. Bedauerlicherweise zeigt die empirische Evidenz in diesem Bereich, dass viele Psychotherapeuten nicht auf dem neusten Stand ihrer Fachdisziplin bleiben und sich nur spärlich oder gar nicht mit neuen wissenschaftlichen Publikationen der Psychotherapieforschung befassen, was zu einer Erosion ihres Fachwissens und damit zu einer Verminderung ihrer professionellen Kompetenz beiträgt. Da professionelle Kompetenz eine der wichtigsten moralischen Verpflichtungen einer jeden Fachperson im Gesundheitswesen ist, folgt aus den obigen Ausführungen, dass jeder Psychotherapeut moralisch verpflichtet ist, möglichst auf dem neusten Stand seines Fachs zu bleiben und sich regelmäßig mit neuen wissenschaftlichen Publikationen der Psychotherapieforschung zu befassen. Die kontinuierliche persönliche Weiterbildung kann als moralische Tugend von Psychotherapeuten angesehen werden (siehe Kasten zur Tugendethik auf den Seiten 58 bis 59).

6.1.2 Skills

Skills als Komponente professioneller Kompetenz

Die zweite Komponente psychotherapeutischer Fachkompetenz sind die praktischen Fertigkeiten oder *Skills*. Skills können ihrerseits unterteilt werden in klinische und technische Skills. Auch wenn dies oftmals nur ein feiner Unterscheid ist, ist er für die Analyse psychotherapeutischen Handelns relevant.

Klinische Skills

Klinische Skills können als Basisfertigkeiten der Gesprächsführung angesehen werden und beinhalten beispielsweise sensibles und empathisches Eingehen auf geäußerte Probleme des Patienten oder klare und unmissverständlich verbale und nonverbale Kommunikation. Damit werden die Entstehung und Aufrechterhaltung einer tragfähigen Therapiebeziehung und eines starken Arbeitsbündnisses als zentrale Komponenten einer erfolgreichen Psychotherapie gefördert (Horvath, Del Re, Flückinger & Symonds, 2008).

Technische Skills

Technische Skills betreffen die Anwendung der richtigen therapeutischen Intervention zum richtigen Zeitpunkt in der Therapie. Dazu gehört beispielsweise die Fähigkeit des Therapeuten, eine Expositionstherapie bei einer Patientin mit Agoraphobie durchzuführen mit der Auswahl des richtigen Stimulus zum richtigen Zeitpunkt. Dazu gehört wiederum eine solide, evidenzbasierte Wissensbasis.

Bezugnehmend auf die Beschreibung der missglückten Konfrontation mit der angstauslösenden Situation von Amanda J. in dem eingangs skizzierten Fallbeispiel deutet nichts auf mangelndes Fachwissen der behandelnden Psychotherapeutin hin. Möglich ist jedoch, dass ein Defizit der technischen Skills hinsichtlich des richtigen Zeitpunkts für die Anwendung oder hinsichtlich der richtigen Durchführung einer Expositionstherapie vorliegt. Eine Situation falsch einzuschätzen und den richtigen Zeitpunkt für eine bestimmte therapeutische Intervention zu verpassen, kann jedem Psychotherapeuten passieren. Patienten haben jedoch oft überhöhte, teilweise unrealistische oder gar magische Ansprüche an Psychotherapeuten und gehen davon aus, dass diese keine Behandlungsfehler machen und den Therapieerfolg garantieren können. Psychotherapeuten sind jedoch selbstverständlich nicht perfekt. Dies wäre eigentlich nicht der Rede wert, wenn es keine Psychotherapeuten gäbe, die von einer therapeutischen Omnipotenz ausgehen und die unrealistischen Erwartungen auf Seite der Patienten damit fördern.

Umso wichtiger ist es, unter Psychotherapeuten kritisches Denken sowie eine realistische Selbsteinschätzung und angemessene Erwartungen gerade auch hinsichtlich klinischer und technischer Skills zu fördern. Da klinische und therapeutische Skills Komponenten professioneller Kompetenz sind, hat jeder Psychotherapeut eine moralische Verpflichtung, diese Skills so gut wie möglich zu üben, um Interventionen inhaltlich und prozessual angemessen durchzuführen.

Zu diesem Zweck beinhaltet jede psychotherapeutische Weiterbildung das Training klinischer und technischer Skills und zusätzlich eine festgeschriebene Anzahl Supervisionssitzungen. Verantwortungsvolle Psychotherapeuten mit einer tugendhaften professionellen Haltung, die ihre moralische Pflicht zur kontinuierlichen Evaluation ihrer klinischen und therapeutischen Skills ernst nehmen, beanspruchen auch später in ihrer psychotherapeutischen Laufbahn regelmäßig Supervision oder treffen sich zur Intervision mit Kolleginnen und Kollegen.

Tugendethik

Was ist eine Tugend?

Die Tugendethik ist eine normative Ethiktheorie, bei der tugendhafte Grundhaltungen im Zentrum stehen und darüber bestimmen, ob Handlungen moralisch gut oder schlecht sind. Eine moralisch richtige Handlung ist somit, was ein tugendhafter Mensch täte.

Als Begründer der Tugendethik gilt Aristoteles mit seinem epochalen Werk der „Nikomachischen Ethik" (Bien, 1985). Wertvoll und tugendhaft ist nach Aristoteles alles, was „dem guten Mann solches ist" (Bien, 1985, S. 247). Damit meint er, dass aus dem Wissen über die Handlungsweise des „guten Mannes" bestimmt werden kann, welches Verhalten moralisch richtig ist. Tugenden sind *erworbene innere Haltungen*, die zu willentlich guten Entscheidungen und Handlungen qualifizieren. In der Tugendethik werden also nicht nur einzelne Handlungen bewertet, wie dies in anderen normativen Ethiktheorien wie der Pflichtenethik oder im Utilitarismus getan wird, sondern auch die ganze Lebensführung einer Person. Dabei ist es von den Umständen abhängig und es gibt keine einheitliche Regel, mit der a priori bestimmt werden kann, was moralisch gut ist.

Zur konkreten Bestimmung der Tugenden geht man nach Aristoteles gemäß der Mesotes-Lehre vor, das heißt man sucht den „mittleren Weg" zwischen zwei Extremen. Beispiele sind etwa die Großzügigkeit als Mitte zwischen Geiz und Verschwendung, die Tapferkeit als Mitte zwischen Feigheit und Tollkühnheit oder die Selbstbeherrschung als Mitte zwischen Wollust und Stumpfsinn. Weitere Tugenden des „guten Mannes" sind Klugheit, Hilfsbereitschaft, Sanftmut, Gerechtigkeit, Wahrhaftigkeit oder Fleiß.

Obwohl die moralisch richtigen Handlungen grundsätzlich als Tugenden im Sinne eines „mittleren Weges" individuell und den Umständen entsprechend bestimmt werden, gibt es nach Aristoteles auch Handlungen wie Mord oder Ehebruch, die per se schlecht sind. In dieser Hinsicht zeigt sich die Nähe des tugendethischen Modells zur Pflichtenethik/Deontologie.

6.1.3 Sorgfalt und Gewissenhaftigkeit

Sorgfalt oder Gewissenhaftigkeit als Komponenten professioneller Kompetenz

Die dritte Komponente professioneller Kompetenz ist Sorgfalt oder Gewissenhaftigkeit, was ein hohes Maß an Aufmerksamkeit gegenüber den Bedürfnissen der Patienten beinhaltet, denen Priorität vor anderen Interessen eingeräumt werden sollte. Insbesondere die sorgfältige diagnostische Abklärung der psychischen Probleme und die gewissenhafte Festlegung einer angemessenen psychotherapeutischen Vorgehensweise zusammen mit dem Patienten fallen hierunter. Zur Sorgfalt gehört auch, dass der Psychotherapeut gewillt ist, zusammen mit dem Patienten dessen Therapieziele zu verfolgen und ihn an eine andere Fachperson zu überweisen, falls dem Psychotherapeuten selbst das nötige Wissen oder die nötigen Skills fehlen, die dafür notwendig sind. Dafür ist jedoch wiederum ein hohes Maß an Selbstreflexion und Selbstkenntnis notwendig.

6.2 Behandlungsfehler

Mit einer kontinuierlichen Fortbildung im Bereich des Fachwissens, der klinischen und technischen Skills sowie kontinuierlicher Selbstreflexion hinsichtlich Sorgfalt und Gewissenhaftigkeit erhöhen Psychotherapeuten die

Wahrscheinlichkeit, ihren Patienten mehr zu nützen als zu schaden. Jedoch müssen sich Psychotherapeuten auch im Klaren darüber sein, dass sich eigene Behandlungsfehler nie mit absoluter Sicherheit vermeiden lassen.

Definition: Behandlungsfehler

Behnsen, Bell, Best, Gerlach, Schirmer und Schmid (2000) definieren *Behandlungsfehler* zusammenfassend als unangemessene oder falsche Diagnostik, Indikationsstellung oder Therapie und gleichzeitig als Verstoß gegen anerkannte Richtlinien beziehungsweise aktuelle Standards oder als Missachtung von basalen psychotherapeutischen Verhaltensregeln gegenüber dem Patienten. „Im Gegensatz zu technischen Disziplinen (z.B. Luftfahrt) ist die Feststellung eines Fehlers in der Psychotherapie nicht immer eindeutig möglich, sondern muss sich auf Standards oder Regeln, die von der Profession festgelegt und überwacht werden, beziehen" (Medau, Jox & Reiter-Theil, 2014, S. 5).

Empirische Ergebnisse zu Behandlungsfehlern

Bislang steht die empirische Forschung zu Behandlungsfehlern noch in ihren Anfängen und es besteht wenig gesichertes Wissen darüber, wie häufig sie vorkommen und welche Auswirkungen sie auf eine laufende Psychotherapie oder gar einen Abbruch der Therapie haben. Beispielhaft im positiven Sinne ist eine Studie von Medau, Jox, Dittmann und Reiter-Theil (2012), welche mit 30 Psychotherapeutinnen und Psychotherapeuten explorativ-qualitative Interviews zum Thema Behandlungsfehler durchführten. Die meisten der durch die Befragten beschriebenen alltäglichen Fehler subsumierten die Autoren als *technische Fehler* (z.B. Behandlung nach eigener Vorliebe statt Evidenz, Ignorieren eigener Grenzen oder fehlendes Timing) oder als *Einschätzungsfehler* (z.B. Indikation). Neben technischen Fehlern und Einschätzungsfehlern (zusammengenommen vorliegend als Behandlungsfehler bezeichnet) nennen die Autoren moralische Fehler wie Unaufrichtigkeit, Abschiebung eigener Schuld auf andere oder Bagatellisieren von Fehlern. Für die negativen Auswirkungen eines Behandlungsfehlers ist oft nicht der Fehler an sich ursächlich, sondern vielmehr die Art und Weise wie Psychotherapeuten mit den ihnen unterlaufenen Fehlern umgehen. Dementsprechend sahen die von Medau et al. (2012) Befragten technische oder Einschätzungsfehler oft als reversibel an; Fehler würden sich vor allem dann negativ auf Prozess und Outcome der Psychotherapie auswirken, wenn Psychotherapeuten es unterlassen, diese zu korrigieren.

In Bezug auf die Definition von Behandlungsfehlern bezeichnete die Mehrheit der befragten Psychotherapeuten die fehlerhafte Einschätzung von Selbst- und Fremdgefährdung als „klassischen" Fehler. Zudem distanzierten sich die befragten Psychotherapeuten eindeutig von sexuellen und anderen Übergriffen als Behandlungsfehler und bezeichneten diese korrekt als Straftat (siehe Kapitel 8 zum Thema sexuelle Übergriffe und Missbrauch). Als ein weiterer klassischer und häufiger Fehler wurde durch die befragten Psychotherapeuten die mangelnde Aufklärung der Patienten genannt (Medau et al., 2012). Dieses Ergebnis deckt sich mit Befunden aus anderen Studien, dass Psychotherapeuten die Aufklärungspflicht und die damit verbundene informierte Einwilligung oft vernachlässigen (siehe auch Kapitel 2 zum Thema Patientenaufklärung und informierte Einwilligung als moralische Pflicht von Psychotherapeuten).

Umgang mit Behandlungsfehlern

Die meisten Psychotherapeuten in der Studie von Medau und Kollegen (2012) waren zudem der Ansicht, dass Patienten über unterlaufene Behandlungsfehler informiert werden sollten. Dabei hielten die Psychotherapeuten das offene Ansprechen von Fehlern unter geeigneten Umständen als die ideale Variante. Die meisten Befragten gaben an, bisher positive Erfahrungen mit dem transparenten Eingestehen von eigenen Behandlungsfehlern gemacht zu haben, wobei dieses Ergebnis konsistent ist mit weiteren Studien zum Thema in anderen Bereichen der Medizin.

Zusammenfassend legen die verfügbaren empirischen Ergebnisse nahe, dass Behandlungsfehler von Psychotherapeuten auf geeignete Art und Weise angesprochen und mit den Patienten diskutiert werden sollten, dies dabei sogar positive Effekte haben und die Offenlegung das Vertrauen stärken kann. Versuchen Psychotherapeuten nicht, ihre Fehler zu korrigieren, begehen sie damit eventuell einen größeren Fehler mit weitaus stärkeren negativen Auswirkungen auf den Verlauf und das Ergebnis der Psychotherapie.

6.3 Professionelle Kompetenz als Performanz versus Fähigkeit

Performanz versus Fähigkeit

Professionelle Kompetenz entspricht der professionellen Performanz und nicht den Fähigkeiten. Der Unterschied liegt darin, dass ein Psychotherapeut zwar durchaus die grundsätzliche Fähigkeit haben kann, sich in einer gewissen Weise professionell zu verhalten, dass professionelle Kompetenz sich aber vor allem in der tatsächlichen Performanz einer bestimmten Handlung zeigt. Als Analogie dazu sagt die Fähigkeit, vernunftgemäß zu handeln nichts darüber aus, ob eine Person im konkreten Fall tatsächlich vernünftig handelt. Fähigkeit ist entsprechend eine Voraussetzung, aber keine Garantie für Performanz.

So existieren zahlreiche Faktoren wie Stress, Zeitdruck und eigene psychische oder körperliche Probleme, welche die tatsächliche Performanz von Psychotherapeuten bei gegebenen grundsätzlichen Fähigkeiten beeinflussen. Zusätzlich variiert die psychotherapeutische Performanz unabhängig von den grundlegenden Fähigkeiten auch zwischen Patienten und über die Zeit.

6.4 Umgang mit Behandlungsfehlern und moralischen Fehlern anderer Psychotherapeuten

Umgang mit Fehlern anderer Psychotherapeuten

Viele Psychotherapeuten werden mit Behandlungsfehlern oder moralisch zweifelhaften Verhaltensweisen anderer Psychotherapeuten oder Ärzte konfrontiert. Diesbezügliche Äußerungen von Patienten sind sowohl ernst zu nehmen als auch mit Vorsicht zu behandeln, da sie oft aus Enttäuschung über einen psychotherapeutischen Misserfolg mehr oder weniger bewusst überzeichnet sind, auf Seiten gewisser Patienten auf manipulative Art und Weise geäußert werden und auch nicht immer der Wahrheit entsprechen. Psychotherapeuten sollten in diesen Verdachtsfällen genau nachfragen, einerseits um die Hintergründe dessen zu verstehen, weshalb der Patient dem Psychotherapeuten gegenüber den Fehler eines anderen Psychotherapeuten äußert und andererseits, um zu überprüfen, ob ein begründeter Verdacht auf ein professionelles Fehlverhalten eines psychotherapeutischen Kollegen vorliegt. Wie soll man jedoch als Psychotherapeut vorgehen, wenn man den begründeten Verdacht hat, dass einem psychotherapeutischen Kollegen entweder ein Behandlungsfehler unterlaufen ist oder dieser in moralischer Hinsicht ein Fehlverhalten gezeigt hat?

Beim Vorliegen eines möglichen Behandlungsfehlers kann nach Entbindung von der Vertraulichkeitspflicht des Patienten das Gespräch mit dem anderen Psychotherapeuten im Sinne eines kollegialen und/oder klärenden Austauschs gesucht werden. Kann auf diesem Weg keine ausreichende Klärung erreicht werden und/oder es gibt Hinweise auf systematische Behandlungsfehler, bei denen ein klarer Mangel an professioneller Kompetenz hinsichtlich Fachwissen, klinischen Fertigkeiten/Skills, Sorgfalt oder Gewissenhaftigkeit seitens des psychotherapeutischen Kollegen festgestellt wird, sollte eine Meldung bei den verantwortlichen Stellen des Berufsverbands in Betracht gezogen werden.

Moralisches Fehlverhalten

Neben Behandlungsfehlern kann es jedoch auch vorkommen, dass Patienten von moralisch zweifelhaftem Verhalten bis zu klarem moralischem Fehlverhalten oder Straftaten früherer Psychotherapeuten berichten. Medau und Kollegen (2012) nennen als strafrechtlich nicht, ethisch jedoch sehr wohl relevante Fehler psychotherapeutischer Kollegen beispielsweise Unaufrichtigkeit, Abschiebung eigener Schuld auf andere oder Bagatellisieren von Fehlern. In Fällen von sexuellem Missbrauch, Nötigung, Erpressung, absichtlicher Täuschung des Patienten hinsichtlich der eigenen Qualifikation respektive Berufsausübungsbewilligung oder anderer strafrechtlich relevanter Taten sollte zusammen mit dem Patienten eine Anzeige bei den zuständigen Strafverfolgungsbehörden erwogen werden.

Sowohl eine Beteiligung an einer strafrechtlichen Untersuchung als auch an einer Untersuchung innerhalb des Berufsverbandes ist nicht nur für die beschuldigten Psychotherapeuten eine große psychische Belastung, sondern kann auch für den Psychotherapeuten, der die Untersuchung ins Rollen bringt, sowie den Patienten über längere Zeit eine erhebliche Zusatzbelastung darstellen. Dies mag einer der Gründe sein, weshalb Patienten und ihre Psychotherapeuten wohl oft auf eine Anzeige oder Meldung verzichten.

Berufsethischen Richtlinien: Umgang mit moralischem Fehlverhalten von psychotherapeutischen Berufskollegen

- *Meta Code of Ethics der European Federation of Psychologists' Associations (EFPA, 2005):*

  Art. 3.4.5: Obligation to give a reasonable critique of the professional actions of colleagues, and to take action to inform colleagues and, if appropriate, the relevant professional associations and authorities, if there is a question of unethical action.

- *Muster-Berufsordnung für die Psychologischen Psychotherapeutinnen und Psychotherapeuten der deutschen Bundespsychotherapeutenkammer (BPtK, 2007):*

  Art. 30 (1): Schuldhafte, d. h. vorsätzliche und fahrlässige Verstöße gegen die Bestimmungen dieser Berufsordnung können berufsrechtliche Verfahren nach den Heilberufsgesetzen nach sich ziehen.

- *Ethische Richtlinien der Deutschen Gesellschaft für Psychologie und des Berufsverbands Deutscher Psychologinnen und Psychologen (DGPs und BDP, 2005):*

  Kapitel E.I.1: Unabhängig von einer gerichtlichen Ahndung werden Verstöße gegen die [...] Richtlinien durch das Ehrengericht der Deutschen Gesellschaft für Psychologie e.V. (DGPs) bzw. durch das Ehrengericht des Berufsverbands Deutscher Psychologinnen und Psychologen e.V. (BDP) verfolgt.

- *Berufsordnung der Föderation der Schweizer Psychologinnen und Psychologen (FSP, 2011)*

  Art. 38: Bei Verstößen gegen die Berufsordnung kann gegen die betreffenden Mitglieder Beschwerde bei der Berufsethikkommission (BEK) der FSP eingereicht werden, unabhängig von der Ahndung durch staatliche Behörden und Gerichtsinstanzen.

- *Berufskodex für Psychotherapeutinnen und Psychotherapeuten des Österreichischen Bundesministeriums für Gesundheit und Frauen (2012):*

  Kapitel IX: Bei begründetem Verdacht, dass sich eine Berufskollegin oder ein Berufskollege unlauter oder standeswidrig verhält, besteht die Möglichkeit, sich vorerst vertraulich mit ihm auseinanderzusetzen. Bei Weiterbestehen des Verdachts sind die zuständigen Gremien der psychotherapeutischen Fachvereinigung des Betreffenden, der Berufsvertretung der Angehörigen des psychotherapeutischen Berufes davon in Kenntnis zu setzen. Besonders gravierende Fälle und Konflikte, deren Lösung durch Einrichtungen der Fachverbände und Berufsvertretung nicht möglich ist, sind an den Psychotherapiebeirat weiterzuleiten.

6.5 Reprise des Falls

Die Beschreibung der missglückten Konfrontation mit der angstauslösenden Situation von Amanda J. in dem eingangs skizzierten Fallbeispiel deutet nicht auf mangelndes Fachwissen der behandelnden Psychotherapeutin hin. Auch gibt es keinen Hinweis auf einen Verstoß gegen ethische Prinzipien. Möglich ist jedoch, dass ein Defizit der technischen Skills hinsichtlich des richtigen Zeitpunkts für die Anwendung oder hinsichtlich der richtigen Durchführung einer Expositionstherapie vorlag. Die Psychotherapeutin war vermutlich zu wenig darauf vorbereitet, dass auch sie während der Exposition starke emotionale Reaktionen erleben kann. Die Kenntnis über ihre eigenen Ängste und emotionalen Reaktionen war bei der Psychotherapeutin vermutlich mangelhaft und zu wenig reflektiert.

Emotionale Kompetenz

Damit Psychotherapeuten sorgfältig und gewissenhaft agieren können, brauchen sie gemäß Pope und Vasquez (2010) *emotionale Kompetenz*, worunter die Autoren die individuelle Fähigkeit zu Selbsterkenntnis und Respekt für uns selbst als fehlbare menschliche Wesen verstehen.

In der Psychotherapie kommt es oft zu Situationen, in denen nicht nur der Patient, sondern auch der Psychotherapeut starke emotionale Reaktionen erlebt. Dies können Psychotherapeuten zwar nicht verhindern; sie müssen jedoch auf starke eigene emotionale Reaktionen vorbereitet sein, um nicht völlig überrascht und von ihnen überwältigt zu werden oder im schlimmsten Fall nur noch mit sich selbst beschäftigt zu sein und dem Patienten nicht mehr beistehen zu können oder schlimmer noch, ihm zu schaden.

Da Sorgfalt und Gewissenhaftigkeit Komponenten professioneller Kompetenz sind, sind Psychotherapeuten moralisch verpflichtet, kontinuierlich ihre Selbstkenntnis zu vertiefen, ihre Stärken und Schwächen zu kennen und vor allem auch auf eigene emotionale Reaktionen vorbereitet zu sein.

7 Intimität und nichtsexuelle körperliche Berührungen

„Spiel mit dem Feuer?" – Fallbeispiel nach Irvin D. Yaloms Roman „Die rote Couch", nacherzählt von Jens Gaab

Belle – Mitte Dreißig, wohlhabend und am Abgrund – ist in Therapie bei einem Psychotherapeuten. Dieser hat eine ausgeprägte Neigung zu einem intuitiven therapeutischen Vorgehen. Er mag seine Patientin Belle. Er mag sie sogar sehr.

Belle's Probleme waren exzessiv und gefährlich; sie lebte eine selbstzerstörerische Sexualität aus und experimentierte mit harten Drogen. Die Psychotherapie ist von Beginn an ein Erfolg. Es gelingt dem Psychotherapeuten, eine gute Beziehung zur Patientin aufzubauen, und nach drei Monaten erfolgt ein erster Durchbruch: Mit einem Rollenspiel, bei dem er die Patientin mit einem großen Handtuch fiktiv abtrocknet und sie dabei eine wiederkehrende Fantasie realisiert, brechen bei Belle alle Dämme; sie weint ungehemmt. Die darauffolgenden Sitzungen werden intensiv und für Belle zentral. Der Psychotherapeut wird zunehmend zum Objekt ihrer Fantasie, was dieser auch nutzt und bedient. So bringt Belle einmal Joghurt und Löffel mit, damit der Psychotherapeut sie wie ein kleines Kind füttert, was dieser bereitwillig und mit Freude dann auch macht. Die schon früh geahnten sexuellen Schatten auf der oberflächlichen Unschuld dieses Vorgehens nehmen zu. Der Psychotherapeut möchte diese Energien jedoch nutzen, auch wenn er sich bewusst ist, hier ein Risiko einzugehen. Bei aller Intensität der Zusammenarbeit und außerdem auch Reduktion des Problemverhaltens auf Seiten der Patientin erlangt diese keine Einsicht in den recht offensichtlichen Mechanismus ihres Verhaltens. Sie besprechen dies und suchen nach Wegen, um den selbstzerstörerischen Zyklus zu durchbrechen. Hier verlangt und bekommt Belle ein persönliches Token – ein Taschentuch, versehen mit einer therapeutischen Widmung – und sie gewinnt zunehmend Kontrolle über ihr Verhalten.

Nach und nach wird sie in Bezug auf die Beziehung zum Psychotherapeuten fordernder und herausfordernder: Sie will mehr körperlichen Kontakt, Umarmungen sowie Händehalten und stellt seine Zurückhaltung als stillen Vertrauensentzug und Bruch der eigenen psychotherapeutischen

> Prinzipien dar. Die Widerstandskräfte des Psychotherapeuten beim Bericht der Patientin über ihre Fantasien und deren praktische Umsetzung schwinden zusehends. Ist ihm die Einhaltung allgemeiner Verhaltensregeln wichtiger als das Eingehen auf die Bedürfnisse seiner Patienten?

Ob der Inhalt dieses Fallbeispiels von Irvin D. Yalom nun fiktiv ist oder was davon tatsächlich durch einen Psychotherapeuten in seiner klinischen Praxis real erlebt worden ist, spielt vorliegend eine untergeordnete Rolle. Das Beispiel erfüllt seinen Zweck, das Thema, um das es in diesem Kapitel geht, wirkungsvoll zu umreißen: Intimität und nichtsexuelle körperliche Berührungen (siehe Kapitel 8 zu sexuellen Kontakten, Übergriffen und Missbrauch). Körperliche Berührungen, die im skizzierten Fall im Kontakt zwischen dem Psychotherapeuten und Belle vorkommen, sind Händehalten, Umarmungen und das Füttern der Patientin mit einem Löffel.

Moralisch relevante Beziehungsgrenzen

Bereits mehrmals wurde die Wichtigkeit einer tragfähigen Therapiebeziehung und eines starken Arbeitsbündnisses als zentrale Komponenten einer erfolgreichen Psychotherapie im vorliegenden Buch betont und sie kann tatsächlich nicht genug betont werden (Horvath et al., 2008). Zur Entstehung und Aufrechterhaltung einer vertrauensvollen Therapiebeziehung gehört die Offenbarung und Thematisierung privater und teilweise sehr intimer Informationen des Patienten in einer sicheren, von Vertraulichkeit geprägten Umgebung (siehe Kapitel 5 zu Vertraulichkeit und Vertrauen). Nicht nur der Patient, sondern auch der Psychotherapeut offenbart im Rahmen einer Psychotherapie gewöhnlich immer wieder gewisse Aspekte über sich selbst, was ebenfalls zur gegenseitigen Vertrauensbildung beitragen kann.

Die ethische Dimension besteht darin, die moralisch relevante Grenze in der Beziehung zwischen Psychotherapeut und Patient festzulegen. Diese nicht leicht zu beantwortende Frage bildet den Kern des vorliegenden Kapitels.

7.1 Fließende Übergänge

Persönliche versus intime Informationen

Es ist eine Tatsache, dass die Übergänge vom Austausch persönlicher Informationen zu privaten Informationen und von privaten zu intimen Informationen fließend sind. Wie steht es mit körperlichen Berührungen? Die Frage, ob nichtsexuelle körperliche Berührungen in der Psychotherapie erlaubt sein sollen, spaltet die Gemeinschaft der Psychotherapeuten seit den Anfängen.

Körperliche Berührungen: Ein heikles Thema

Manche Psychotherapeuten vertreten die Haltung, dass körperliche Berührungen – auch wenn sie keine sexuelle Intention haben – in der Psychotherapie grundsätzlich immer tabu sein sollten, da sie mit dem psychotherapeutischen Prozess interferieren und das Risiko erhöhen, dass sowohl beim

Patienten als auch beim Psychotherapeuten sexuelle Gefühle und Gedanken aufkommen. Zudem könnte es durch körperliche Berührungen zu einer Verwischung der Grenzen professioneller und persönlicher Beziehungen kommen und Patienten könnten die Therapiebeziehung im Laufe einer Psychotherapie immer mehr als persönliche Beziehung ansehen.

Andere Psychotherapeuten vertreten die gegenteilige Haltung, dass nämlich körperliche Berührungen wichtig sein können, um Patienten in einen psychotherapeutischen Veränderungsprozess zu bringen, da Berührungen den Patienten auf einer anderen Ebene ansprechen als Worte und dass eine angemessene Anwendung nichtsexueller körperlicher Berührungen gewisse Patienten auf eine Weise beruhigen oder trösten können, wie es eine rein verbale Kommunikation nicht vermag. Außerdem zeigen Forschungsergebnisse aus der Bindungsforschung, dass Berührungen für Entwicklungsprozesse essenziell sind. Aus historischer Sicht war die Praxis des „Handauflegens“ zudem über lange Zeit eine anerkannte therapeutische Methode für viele Beschwerden.

Wann ist eine Berührung sexuell?

In anderen Bereichen der Medizin ist es normal, dass körperliche Berührungen stattfinden, sei es aus untersuchungstechnischen Gründen – mit dem ganzen Spektrum von Untersuchungen des Bewegungsapparats bis zu Untersuchungen des Intimbereichs – oder um Trost zu spenden, beispielsweise mit einer Berührung des Armes oder der Schulter. Wie die Übergänge beim Austausch verbaler Informationen sind auch die Übergänge zwischen verschiedenen Formen der Berührung fließend. Wann ist eine Berührung nun angemessen, übertrieben, intim oder gar sexuell?

Definition: Sexuelle Berührungen

Holroyd und Brodsky (1977) definieren *sexuelle Berührungen* als körperliche Berührungen, die primär mit der Intention ausgeführt werden, die eigene Erregung zu steigern oder eigene sexuelle Bedürfnisse zu befriedigen. Der Vorteil einer solchen Definition mit Betonung der Intention anstelle der Handlung selbst liegt darin, dass die Berührung eines jeden Körperteils sexuell oder nichtsexuell sein kann, je nachdem, was das Motiv der Handlung ist. *Nichtsexuelle körperliche Berührungen* sind also solche, bei denen kein primäres Motiv vorliegt, eigene sexuelle Bedürfnisse zu befriedigen.

7.2 Gefahr eines Dammbruchs?

Häufigkeit von Berührungen

Viele Psychotherapeuten berühren ihre Patienten mehr oder weniger regelmäßig körperlich. So berichten in einer älteren Mitgliederbefragung der American Academy of Psychotherapists von Tirnauer, Smith und Foster (1996) 87 Prozent der Psychotherapeuten ihre Patienten körperlich zu berühren. Jedoch scheinen neuere Studien zu diesem Thema zumindest in den USA eher auf eine Abnahme körperlicher Berührungen in der Psychotherapie hinzudeuten (ca. 20 % in einer Studie von Stenzel & Rupert, 2004).

Zusammenhang von Berührungen und sexuellem Kontakt?

Holroyd und Brodsky (1980) fanden, dass ein erhöhter Zusammenhang zwischen körperlichen Berührungen und sexuellen Kontakten bestand, sofern Psychotherapeuten ein unterschiedliches Muster an körperlichen Berührungen zeigten, je nachdem ob es sich bei den betreffenden Patienten um Frauen oder Männer handelte (z. B. häufigere Berührungen von Patienten des einen Geschlechts): „It is the differential application of touching – rather than touching per se – that is related to intercourse" (Holroyd & Brodsky, 1980, S. 810). Eine andere Studie zeigte, dass die höchste Frequenz körperlicher Kontakte zwischen männlichen Psychotherapeuten und weiblichen Patientinnen stattfand und dass der Psychotherapeut dabei den körperlichen Kontakt initiierte (Holub & Lee, 1990). Dieser Befund könnte auf die Gefahr eines Dammbruchs hinweisen (siehe Kasten).

Das Dammbruch-Argument

Dammbruch-Argument

Als Dammbruch-Argument wird in der Ethik eine Argumentationsweise bezeichnet, bei der vor einer Handlung gewarnt wird, weil diese Handlung die Wahrscheinlichkeit weiterer potenziell moralisch falscher Handlungen erhöhen könnte.

Bezogen auf die Entwicklung neuer Techniken wird beispielsweise oft das Argument angeführt, dass ein Missbrauch einer Technik nicht mehr aufzuhalten ist, sobald die Technik erst einmal entwickelt ist. Zum Beispiel wurde hinsichtlich der Möglichkeiten des therapeutischen Klonens menschlicher Zellen und Gewebe, das gegebenenfalls moralisch akzeptabel ist, von Gegnern die Befürchtung geäußert, dass durch die Technik des Klonens Tür und Tor geöffnet werde zur Anwendung moralisch zweifelhafter und inakzeptabler reproduktiver Anwendungen. Dammbruch-Argumente in der Ethik können zu wertvollen Gedankenexperimenten führen. Allerdings beinhalten sie implizit die falsche Annahme, dass aus einer Handlung eine zweite Handlung logisch folgt. Dammbruch-Argumente enthalten also einen *logischen Fehlschluss*. Das Problem bei einer Dammbruch-Argumentation ist, dass es möglich ist, die erste Handlung auszuführen und anschließend von der zweiten Handlung abzusehen.

Logischer Fehlschluss

Dammbruch bei Berührungen?

Bezogen auf Berührungen in der Psychotherapie würde das Dammbruch-Argument bedeuten, dass nichtsexuelle körperliche Berührungen der erste Schritt zum sexuellen Kontakt sein könnten. Neuere Studien weisen jedoch darauf hin, dass körperliche Berührungen mit Personen desselben Geschlechts in der Psychotherapie häufiger sind als körperliche Berührungen mit Angehörigen des anderen Geschlechts (Stenzel & Rupert, 2004). Zudem konnte empirisch mehrfach gezeigt werden, dass Psychotherapeuten, die nichtsexuelle körperliche Berührungen anwenden, kein erhöhtes Risiko haben, einen sexuellen Missbrauch von Patienten zu begehen (z. B. Holroyd & Brodsky, 1980).

Ob ein Psychotherapeut Gefahr läuft, aufgrund primär nichtsexueller Berührungen sexuelle Handlungen mit einem Patienten zu initiieren, ist letztlich nur aus der Innenperspektive des Psychotherapeuten beantwortbar und verlangt von ihm ein hohes Maß an Ehrlichkeit gegenüber sich selbst, ein hohes Maß an Reflexionsfähigkeit und Wissen über eigenen Tendenzen, Stärken und Schwächen. Der Psychotherapeut soll sich entsprechend bei potenziellen körperlichen Berührungen die Frage stellen, ob diese die Wahrscheinlichkeit von künftigen sexuellen Handlungen mit dem Patienten erhöhen.

7.3 Wann sind Berührungen aus ethischer Sicht angemessen?

Moralisch gerechtfertigte Berührungen

Moralisch gerechtfertigt sind körperliche Berührungen dann, wenn sich der Psychotherapeut bewusst und aufgrund eines klaren, nachvollziehbaren, psychotherapeutischen Rationales und unter Berücksichtigung der Bedürfnisse eines spezifischen Patienten in einer spezifischen Situation dafür entscheidet. Dazu gehören nicht nur störungsspezifische Überlegungen, sondern auch die Berücksichtigung kontextueller Aspekte wie kulturelle, religiöse oder sonstige moralische Werte des Patienten. Zudem sollte der Psychotherapeut in seiner Weiter- oder Fortbildung im Umgang mit Berührungen geschult worden sein und diese in der eigenen Selbsterfahrung sowie Supervision thematisiert haben. Wenn alle diese Bedingungen stimmen, dann kann eine nichtsexuelle körperliche Berührung in der Psychotherapie eine positive Wirkung haben. Wenn Berührungen nicht klinisch und mit einem therapeutischen Rationale begründet werden, können diese jedoch als unangenehm, intrusiv oder belästigend wahrgenommen werden.

Therapeutische Indikation nichtsexueller Berührungen

Folgende Faktoren können mit einer positiven Interpretation von körperlichen Berührungen seitens des Patienten einhergehen: Kontrolle des Patienten über Beginn und Dauer der Berührung, die Überzeugung des Patienten, dass die Berührung zu ihrem Vorteil ist und nicht zum Vorteil des Therapeuten sowie eine Kongruenz zwischen der gefühlten Nähe in der Therapiebeziehung und der Anwendung von Berührungen. Dieser letzte Faktor wurde in einer empirischen Studie von Horton, Clance, Strek-Elifson und Emshoff (1995) gestützt, die einen Zusammenhang zwischen der Stärke der Therapiebeziehung mit der positiven Interpretation von körperlichen Berührungen in der Psychotherapie fanden. Die Autoren konnten zeigen, dass die meisten untersuchten Patienten hinsichtlich nichtsexueller Berührungen sehr positiv eingestellt waren. Viele sahen den körperlichen Kontakt sogar als besonders wichtig für die Lösung ihrer Probleme an.

Der Zweck nichtsexueller Berührungen in der Psychotherapie sollte mit dem Patienten besprochen und generell vor jeder Berührung die Erlaubnis des

Patienten eingeholt werden. Entgegen dieser Empfehlung fanden Stenzel und Rupert (2004), dass dies 50 % der Psychotherapeuten selten oder gar nicht tun.

7.4 Wann sind nichtsexuelle Berührungen kontraindiziert?

Wann ist bei Berührungen Vorsicht geboten

Mit der obigen Diskussion, unter welchen Umständen nichtsexuelle Berührungen gerechtfertigt sind, wurden implizit bereits auch einige Umstände genannt, bei denen große Vorsicht geboten ist, beispielsweise wenn ein Psychotherapeut bei sich selbst feststellt, dass er ein anderes Muster an körperlichen Berührungen bei Männern versus Frauen zeigt, wenn die körperlichen Berührungen den Bedürfnissen eines spezifischen Patienten in einer bestimmten Situation nicht entsprechen oder wenn der Psychotherapeut für die körperlichen Berührungen kein klares therapeutisches Rationale hat. Außerdem spürt ein Psychotherapeut in der Regel sehr wohl, ob er sich von einem bestimmten Patienten sexuell angezogen fühlt und die Gefahr besteht, auf die schiefe Bahn zu geraten. In dieser Situation sollte der Psychotherapeut auch auf nichtsexuelle Berührungen verzichten.

Ebenfalls auf den Einsatz nichtsexueller körperlicher Berührung verzichten sollten Psychotherapeuten dann, wenn in derselben Sitzung sexuelle Themen besprochen wurden, wenn ein Patient Probleme bei der Impulskontrolle hat (z. B. bei Patienten mit Borderline-Persönlichkeitsstörung) oder wenn körperliche Berührungen – vor allem bei Personen mit Posttraumatischen Belastungsstörungen – aufgrund vorheriger Missbrauchserfahrungen eindeutig kontraindiziert sind. Eine weitere Kontraindikation für nichtsexuelle körperliche Berührungen ist, wenn die Berührung mit dem Gefühl des Psychotherapeuten nicht kongruent ist und er sich dabei unwohl fühlt.

Die Entscheidung eines Psychotherapeuten, ob er mit nichtsexuellen Berührungen arbeiten will, sollte auch vor dem kulturellen Hintergrund des Patienten abgewogen werden. Für gewisse kulturelle Gruppen ist die Berührung einer Person des anderen Geschlechts beispielswiese hochgradig unangemessen (z. B. orthodoxe Juden oder Muslime), während in gewissen westlichen Gesellschaften Umarmungen oder Küsse auf die Wangen eine nichterotische Form der Begrüßung wie Händeschütteln darstellt.

7.5 Reprise des Falls

In Bezug auf den Psychotherapeuten in dem am Anfang des Kapitels skizzierten Fallbeispiel ist offensichtlich, dass sich der Psychotherapeut auf einem heiklen Terrain befindet und sich die Dynamik in der Therapie immer mehr in Richtung sexueller Handlungen bewegt. Bereits die Schilderung des Fütterns legt nahe, dass dies mehr als rein psychotherapeutische Aspekte enthält. Der Psychotherapeut füttert Belle mit einem Löffel „bereitwillig und mit Freude“. Auch das große Verlangen der Patientin nach Umarmungen und Händehalten müsste den Psychotherapeuten zu großer Vorsicht veranlassen, umso mehr als dass in der Beschreibung des Fallbeispiels klar wird, dass „seine Widerstandskräfte“ beim Bericht der Patientin über ihre Fantasien und deren praktische Umsetzung schwinden. An dieser Stelle beginnt der Psychotherapeut die Kontrolle über die Psychotherapie zu verlieren und es ist höchst fragwürdig, ob die ursprünglichen Probleme, wegen denen Belle die Psychotherapie begonnen hatte, so noch professionell bearbeitet werden können. Obwohl der Psychotherapeut sicherlich gleichzeitig eine Besserung der Patientin anstrebt, stellt er seine eigenen Bedürfnisse in den Vordergrund und handelt nicht mehr nur im Dienst der Patientin, wozu er moralisch aufgrund des Fürsorgeprinzips verpflichtet wäre. Er nimmt es sogar in Kauf, dass die Patientin dadurch Schaden erleidet und verstößt damit gegen das wohl fundamentalste medizinethische Prinzip, das universelle Prinzip des Nichtschadens (siehe dazu den Kasten zur Prinzipienethik auf den Seiten 10 bis 11).

8 Sexuelle Kontakte und Missbrauch

„Sexueller Missbrauch durch den vorbehandelnden Psychotherapeuten?“ – Fallbeispiel von Daniel Hell

Die 50-jährige, alleinstehende Akademikerin Olga P. wurde von einem Internisten zur Abklärung und Indikationsstellung einer allfälligen Psychotherapie überwiesen. Der Zuweiser diagnostizierte bei Olga P. eine mittelschwere depressive Episode und äußerte den Verdacht, dass seine Patientin von einem anderen ärztlichen Kollegen, bei dem sie wegen psychosomatischer Beschwerden in Behandlung war, missbraucht worden sei.

Im Erstgespräch machte die adrett gekleidete, sorgfältig gepflegte und gebildete Patientin auf den Psychotherapeuten einen niedergeschlagenen und angstgeplagten Eindruck. Olga P. sprach zunächst von ihrer großen Müdigkeit, ihrer inneren Unruhe und von ihrer anhaltenden Bedrücktheit. Sie leide unter existenziellen Ängsten, mute sich nichts mehr zu und habe sich sozial zurückgezogen. Sie äußerte auch Todesfantasien, ohne aber konkrete Suizidabsichten zu hegen. Die Schilderung ihrer Symptomatik wirkte persönlich und stimmig. Olga P. war spürbar in großer Not.

Die weitere Abklärung ergab neben der ängstlichen Unruhe und der erwähnten depressiven Symptome keine nennenswerten weiteren psychopathologischen Auffälligkeiten, insbesondere keine Hinweise auf eine paranoide oder halluzinatorische Symptomatik, auf eine formale Denkstörung oder auf Gedächtnisstörungen. Zwar wirkte die Darstellungsweise von Olga P. im Erstgespräch appellativ, doch konnte dies als Ausdruck ihrer belastenden Situation und ihrer Verunsicherung verstanden werden.

Biografisch hatte die Patientin schon im jungen Erwachsenenalter depressive und suizidale Krisen durchgemacht, hatte sich dann in der Folge aber stabilisiert und während der letzten 25 Jahre keine schweren Verstimmungen mehr durchlebt. Sie führte die aktuelle depressive Krise auf den schweren Vertrauensbruch ihres Arztes zurück, bei dem sie wegen vegetativer Beschwerden in psychosomatischer Behandlung gestanden hatte. Dieser hätte die Therapie vor kurzem abgebrochen, nachdem er zuvor ein sehr herzliches Verhältnis zu ihr gepflegt und ihr auch seine tiefe Zuneigung offenbart hätte. Es sei neben den Therapiestunden auch zu privaten Kontakten und zu einem regen Austausch von Textnachrichten gekommen (wobei Olga P. auch einzelne, intime Textnachrichten dieses Arztes zitiert). Die persönlichen Avancen dieses Arztes hätten ihr umso mehr bedeutet, als dass sie sich – in ihrem zurückgezogenen Leben – nach Wärme und Zuspruch gesehnt habe.

Die darauf eingeleiteten Therapiegespräche fokussierten zunächst auf die depressive Symptomatik. Doch erwies sich bald, dass Olga P. von der Behandlung mehr als eine symptomatische Besserung erwartete. Es war ihr wichtig, dass jemand an ihrem Erleben nicht nur Anteil nahm, sondern ihm voll und ganz zustimmte. Dahinter stand das tiefe Bedürfnis von Olga P., sich unbegrenzt angenommen zu fühlen. Die Patientin erlebte sich in den Sitzungen immer dann unverstanden und zurückgestoßen, wenn ihr Therapeut genauer nachfragte und beispielsweise biografische Daten oder situative Umständen detaillierter zu klären suchte – sich also nicht darauf beschränkte, ihr Erleben zu erspüren und empathisch zu teilen.

8.1 Was ist sexuelles Verhalten?

Das beschriebene Fallbeispiel ist facettenreich und komplex. Es wirft viele Fragen auf, wie Psychotherapeuten die Therapiebeziehung und die therapeutischen Interventionen am besten gestalten sollten, damit die Therapieziele gemeinsam erreicht werden können. Für das vorliegende Kapitel konzentrieren wir uns jedoch auf die Passage, in der das Verhältnis zum vorbehandelnden Arzt beschrieben wird.

Olga P. führte ihre aktuelle depressive Krise selbst auf einen schweren Vertrauensbruch ihres vorbehandelnden Arztes zurück, bei dem sie wegen vegetativer Beschwerden in psychosomatischer Behandlung gewesen war. Der genannte Arzt habe ihr persönliche Avancen gemacht und ihr seine tiefe Zuneigung offenbart, was ihr umso mehr bedeutet hätte, als dass sie sich nach Wärme und Zuspruch gesehnt habe. Schließlich sei es neben den Therapiestunden auch zu privaten Kontakten und einem regen Austausch von persönlichen Textnachrichten gekommen, wobei Olga P. einzelne Textnachrichten des Arztes mit intimen Inhalten zitierte.

Entsprechen persönliche Avancen und intime Textnachrichten bereits einer Form sexuellen Verhaltens und stellen diese einen Fall von Missbrauch dar? Wie bereits in Kapitel 7 im Zusammenhang mit dem Thema Berührungen ausgeführt, kann *sexuelles Verhalten* als jede Form eines Verhaltens definiert werden, das primär die Steigerung der eigenen Erregung oder die Befriedigung eigener sexueller Bedürfnisse intendiert (Holroyd & Brodsky, 1977). Da diese Definition die Intention beziehungsweise das Motiv einer Handlung betont und nicht das Ergebnis, kann grundsätzlich jedes Verhalten sexuell oder nichtsexuell sein. Diese Definition erschwert die Feststellung sexuellen Verhaltens durch Drittpersonen, da es nicht immer möglich ist, das Motiv eines Verhaltens zu erschließen. Die Definition erlaubt es Psychotherapeuten jedoch, ihr Verhalten selbst zu reflektieren und jede eigene Handlung dahingehend zu überprüfen, ob sie sexuell motiviert ist oder nicht.

8.2 Sexuelles Verhalten von Psychotherapeuten stellt immer einen Missbrauch des Patienten dar

Sexuelles Verhalten von Therapeuten als sexueller Missbrauch

Auch wenn die Ethik selten eindeutige „dos and don'ts" vorgibt, ist es zentral, dass Psychotherapeuten im Laufe ihrer Karriere ein laufend besseres Sensorium für moralisch heikle Situationen entwickeln, sich selbst immer wieder hinsichtlich der moralischen Implikationen ihres Tuns hinterfragen und fähig sind, moralische Argumente im Einzelfall gegeneinander abzuwägen. Sexuelles Verhalten von Psychotherapeuten gegenüber ihren Patientinnen[1] ist aber hier eine wichtige Ausnahme: Hier gibt es ein klares „don't" oder wie es Pope und Vasquez (2010) formulieren: „Vermeiden Sie jede Form sexueller Interaktion mit dem Klienten. Kein Grund, keine Situation und keine Umstände könnten solche Intimitäten mit Klienten je rechtfertigen" (S. 217; Übersetzung durch MT). Zwischen allen wichtigen psychotherapeutischen Fachgesellschaften besteht dementsprechend ein weitgehender Konsens darüber, dass es mit einer professionellen therapeutischen Behandlung nicht zu vereinbaren ist, mit Patientinnen eine sexuelle Beziehung zu haben. Diese Regel ist in der medizinischen Praxis historisch tief verankert und sogar älter als der 2500 Jahre alte Hippokratische Eid.

Sexuelles Verhalten als eindeutiges „don't"

Warum ist die moralische Pflicht zur Abstinenz im Bereich sexueller Kontakte zwischen Psychotherapeuten und Patientinnen so klar? Gibt es nicht auch hier Grauzonen? Eine Grauzone gibt es lediglich dort, wo es nicht eindeutig ist, ob ein Verhalten nun sexuell ist oder nicht, das heißt, ob der Psychotherapeut primär die Steigerung der eigenen Erregung oder die Befriedigung eigener sexueller Bedürfnisse intendiert oder nicht. Erfüllt ein Verhalten die definitorischen Kriterien für sexuelles Verhalten, existiert hinsichtlich des moralisch richtigen Vorgehens keine Grauzone mehr. Sexuelles Verhalten in der Psychotherapie ist grundsätzlich ein eindeutiges „No go", weil für die Patientin dadurch in jedem Fall mehr Schaden als Nutzen resultiert. Wenn ein Psychotherapeut zulässt oder sogar aktiv darauf hinarbeitet, dass die professio-

1 In diesem Kapitel werden Patienten im Unterschied zu den anderen Teilen des Buches meistens als Patientinnen bezeichnet, da die meisten Opfer von sexuellen Übergriffen Frauen sind.

nelle psychotherapeutische Beziehung zu einer Patientin zu einer privaten, sexuellen Beziehung wird, stellt er seine eigenen sexuellen Bedürfnisse in den Vordergrund und handelt nicht mehr im Dienst der Patientin, wozu er moralisch aufgrund des Fürsorgeprinzips verpflichtet ist. In vielen Fällen leiden Psychotherapie-Patientinnen unter einer oder mehreren psychischen Störungen, was sie besonders vulnerabel und schutzbedürftig macht. Der Psychotherapeut nimmt mit sexuellem Verhalten bewusst in Kauf, dass die Patientin Schaden erleidet und verstößt damit gegen das fundamentale medizinethische Prinzip des Nichtschadens (siehe dazu den Kasten zur Prinzipienethik auf den Seiten 10 bis 11). Sexuelles Verhalten von Psychotherapeuten gegenüber einer Patientin entspricht deshalb immer einem *sexuellen Missbrauch.*

Entstehender Schaden durch sexuelle Handlungen

Zur Art des resultierenden Schadens für Patientinnen aufgrund sexueller Handlungen in der Psychotherapie wurden zahlreiche empirische Studien durchgeführt. Pope und Vasquez (2010) fassen deren Ergebnisse zusammen und benennen zehn generelle Kategorien, welche Konsequenzen sexuelle Handlungen in der Psychotherapie für Patientinnen haben können: Ambivalenzen respektive intrapsychische Konflikte, Schuldgefühle, Gefühle der Leere und Isolation, sexuelle Verunsicherung, beeinträchtigte Fähigkeit, Vertrauen zu entwickeln, Verunsicherung hinsichtlich Rollen und Rollengrenzen, emotionale Labilität, unterdrückte Wut, erhöhtes Suizidrisiko und kognitive Dysfunktionen in den Bereichen der Konzentration und des Gedächtnisses sowie Flashbacks, intrusive Gedanken und Alpträume im Sinne von Symptomen einer Posttraumatischen Belastungsstörung.

Berufsethische Richtlinien: Missbrauch

- *Ethische Richtlinien der Deutschen Gesellschaft für Psychologie und des Berufsverbands Deutscher Psychologinnen und Psychologen (DGPs und BDP, 2005):*

  Kapitel D.I.3: Heilkundlich und klinisch tätige Psychologen dürfen während einer therapeutischen Beziehung keine persönlichen Bindungen zu ihren Patienten eingehen; z.B. sind sexuelle Beziehungen zu Patienten unzulässig.

- *Muster-Berufsordnung für die Psychologischen Psychotherapeutinnen und Psychotherapeuten der deutschen Bundespsychotherapeutenkammer (BPtK, 2007):*

  Art. 6 (5): Jeglicher sexuelle Kontakt von Psychotherapeuten zu ihren Patienten ist unzulässig.

- *Ethische Richtlinien der Deutschen Gesellschaft für Psychologie und des Berufsverbands Deutscher Psychologinnen und Psychologen (DGPs und BDP, 2005):*

Kapitel D.I.3: Heilkundlich und klinisch tätige Psychologen dürfen während einer therapeutischen Beziehung keine persönlichen Bindungen zu ihren Patienten eingehen; z.B. sind sexuelle Beziehungen zu Patienten unzulässig.

- *Muster-Berufsordnung für die Psychologischen Psychotherapeutinnen und Psychotherapeuten der deutschen Bundespsychotherapeutenkammer (BPtK, 2007):*

  Art. 6 (5): Jeglicher sexuelle Kontakt von Psychotherapeuten zu ihren Patienten ist unzulässig.

- *Berufsordnung der Föderation der Schweizer Psychologinnen und Psychologen (FSP, 2011):*

  Art. 9: Mitglieder dürfen die sich aus ihrer Berufsausübung ergebenden Beziehungen nicht missbrauchen. Insbesondere unterlassen sie alle Arten von belästigendem, sexuellem oder ausbeuterischem Verhalten.

  Art. 31: [...] Ihre Verantwortung für die Patientinnen und Patienten geht jederzeit ihren persönlichen Interessen vor, und sie unterlassen insbesondere jede Form von sexueller Beziehung, finanzieller Ausbeutung oder ideologischer oder religiöser Beeinflussung.

- *Berufskodex für Psychotherapeutinnen und Psychotherapeuten des Österreichischen Bundesministeriums für Gesundheit und Frauen (2012):*

  Kapitel III.9.: Missbrauch liegt dann vor, wenn Angehörige des psychotherapeutischen Berufes ihren psychotherapeutischen Aufgaben gegenüber den Patientinnen und Patienten untreu werden, um ihre persönlichen Interessen, insbesondere sexueller, wirtschaftlicher, sozialer, emotionaler, politischer oder religiöser Natur zu befriedigen.

8.3 Sexuelle Anziehung zwischen Psychotherapeuten und Patientinnen

Sexuelle Anziehung ist häufig

Sexuelle Anziehung zwischen Psychotherapeuten und ihren Patienten gilt als universelles Phänomen. Studien zeigen, dass zwischen 80 und 90 Prozent der Psychotherapeuten in mindestens einem Fall eine sexuelle Anziehung zu Patienten verspürt haben, dass es aufgrund dessen jedoch nur bei einer kleinen Minderheit zu sexuellen Handlungen gekommen ist und Psychotherapeuten mit ihren Reaktionen in verantwortungsvoller Art und Weise umgehen konnten (z.B. Giovazolias & Davis, 2001). Jedoch sind auch erfahrene Psychotherapeuten nicht in jedem Fall vor der folgenden Situation gefeit: „Unexpected, intense, or reciprocal attraction can blindside and befuddle any therapist, no matter how competent or well trained“ (Koocher & Keith-Spiegel, 2016, S. 276).

Von welchen Patientinnen fühlen sich Psychotherapeuten am stärksten angezogen? In einer Befragung fanden Pope, Keith-Spiegel und Tabachnick (1986), dass das Charakteristikum, worauf es seitens der Patientin am meisten ankommt – nicht überraschend – körperliche Attraktivität war, gefolgt von positiven mentalen oder kognitiven Charakteristika wie Intelligenz oder sprachlicher Ausdruck.

Sexuelle Fantasien über Patienten sind häufig

Nicht nur sexuelle Anziehung als einmaliges oder wiederkehrendes Erlebnis von Psychotherapeuten ist häufig, sondern auch sexuelle Phantasien, die Patienten zum Inhalt haben. Laut Pope und Vasquez (2010) gaben 27 Prozent der männlichen Psychotherapeuten an, während sexuellen Aktivitäten mit einer anderen Person mindestens einmal in ihrer Fantasie an eine Patientin gedacht zu haben.

In einer Erhebung von Rodolfa und Kollegen (1994) gaben 60 Prozent derer, die sich bereits einmal oder mehrmals von einer Patientin sexuell angezogen fühlten, an, dass sie sich in diesem Rahmen selbst in eine Beratung oder Supervision begeben hätten, um den eigenen Umgang mit der sexuellen Anziehung zu besprechen.

Pope und Vetter (1991) führten eine Befragung durch, um die Gründe herauszufinden, weshalb die Mehrheit der Psychotherapeuten trotz sexueller Anziehung widersteht, sich zu sexuellem Verhalten gegenüber der entsprechenden Patientin hinreißen zu lassen und fanden eine große Bandbreite an Gründen. Die häufigsten waren die Kenntnis der relevanten ethischen und rechtlichen Standards, das Wissen darüber, dass sexuelle Handlungen aus klinischer Sicht kontraproduktiv wären und die Befürchtung, disziplinarisch bestraft oder gerichtlich angeklagt zu werden. Weitere angegebene Gründe zeigen, dass Psychotherapeuten oft nicht aufgrund moralischer Verpflichtungen ihren Patientinnen gegenüber von sexuellen Handlungen absahen (z.B. die Begründung, dass der Psychotherapeut bereits in einer festen Beziehung war und seiner Partnerin treu sein wollte).

Soll die sexuelle Anziehung der Patientin offenbart werden?

Eine zentrale Frage ist, ob ein Psychotherapeut mit seiner Patientin besprechen sollte, dass er sich von ihr sexuell angezogen fühlt. Einige wenige Autoren erachten dies als sinnvoll (z.B. Giovazolias & Davis, 2001), die große Mehrheit aber spricht sich dagegen aus. Stellvertretend fassen Koocher und Keith-Spiegel (2016) die Gründe dafür zusammen:

- Patienten sind mit der Selbstoffenbarung, dass sich ihr psychotherapeutisches Gegenüber von ihr oder ihm sexuell angezogen fühlt, möglicherweise überfordert, was dazu führen könnte, dass es sie verwirrt, dass sie sich unwohl fühlen und nicht wissen, wie sie angemessen darauf reagieren können.

- Eine solche Selbstoffenbarung bringt die Bedürfnisse des Psychotherapeuten in die Psychotherapie ein, wo die Bedürfnisse der Patienten an erster Stelle stehen sollten.
- Die Patienten fassen die Selbstoffenbarung, dass sich der Psychotherapeut von ihnen sexuell angezogen fühlen, möglicherweise als sexuell belästigend oder gar abstoßend auf.
- Am Psychotherapeuten sexuell interessierte Patienten könnten diese Art der Selbstoffenbarung leicht als Einladung verstehen, von einer professionellen Therapiebeziehung zu einer persönlichen oder sogar sexuellen Beziehung zu wechseln.

8.4 Typische Eigenschaften und Muster von Täter und Opfer

Die verfügbaren empirischen Daten zeigen, dass Eigenschaften der Psychotherapeuten stärker mit sexuellen Übergriffen in der Psychotherapie assoziiert sind als Eigenschaften der Patientinnen. Auf Seiten der Patientinnen respektive der Opfer sticht lediglich die Eigenschaft, Opfer von sexuellem Missbrauch innerhalb der Herkunftsfamilie zu sein, als besonderer Risikofaktor heraus (Broden & Agresti, 1998). Pope und Vetter (1991) fanden, dass von den Patientinnen, die mit ihrem Psychotherapeuten eine sexuelle Beziehung eingingen, 32 Prozent innerhalb ihrer Herkunftsfamilie sexuell missbraucht worden waren.

Typische Eigenschaften von missbrauchenden Psychotherapeuten

Der größte Anteil des Risikos, von seinem Psychotherapeuten sexuell missbraucht zu werden, wird jedoch nicht von Patientenmerkmalen bestimmt, sondern von Merkmalen des Psychotherapeuten. Dabei ist der stärkste Prädiktor, ob der Psychotherapeut vorher bereits einmal sexuelle Kontakte mit Patientinnen hatte (Bates & Brodsky, 1989), also ein Wiederholungstäter ist. Bereits Holroyd und Brodsky (1977) konnten zeigen, dass 80 Prozent der Psychotherapeuten, die angaben, sexuell mit Patientinnen involviert gewesen zu sein, mit mehr als einer Patientin sexuelle Kontakte hatten.

Ein weiteres Muster sexueller Kontakte zwischen Psychotherapeuten und Patientinnen gleicht bekannten Mustern anderer Missbrauchsformen wie Vergewaltigung oder Inzest. Daten aus empirischen Studien zeigten, dass über 90 Prozent der Täter Männer und die Opfer entsprechend in der Regel Frauen waren (e.g. Pope, 1993).

Andere gut untersuchte Faktoren sind der soziale Status und das Alter von Täter und Opfer. Zusammengefasst lässt sich feststellen, dass sexuelle Kontakte zwischen Psychotherapeuten und Patientinnen dann am häufigsten vorkommen, wenn ein älterer, männlicher Psychotherapeut mit einem höheren Status (z.B. Supervisor oder Ausbildner) auf eine jüngere, weibliche Patientin oder Auszubildende mit niedrigerem sozialem Status trifft (Pope, 1994).

Eigenschaften von Psychotherapeuten, welche die Wahrscheinlichkeit für sexuelle Verhaltensweisen gegenüber Patientinnen erhöhen[2]:

- Gefühle der eigenen Verletzlichkeit
- Furcht vor Intimität
- Schwierigkeiten in den eigenen Sexual-, Liebes- oder Familienverhältnissen
- Gefühle des Versagens als Fach- oder Privatperson
- Ein hohes Bedürfnis nach Zuneigung oder positiver Aufmerksamkeit
- Ein hohes Machtmotiv
- Die Idealisierung eines bestimmten Patienten
- Eine geringe Fähigkeit zur Impulskontrolle und zur Setzung von Grenzen
- Depressivität, Burnout oder eine bipolare Störung
- Soziale Isolation
- Überschätzung der eigenen „heilenden" Fähigkeiten
- Isolation von Peer-Support
- Sexuelle Identitäts- oder andere Rollenkonflikte
- Narzisstische oder sadistische Persönlichkeitsmerkmale
- Ungenügende Aus-, Weiter- oder Fortbildung

Psychotherapeuten, die sexuelle Übergriffe begehen, tendieren zu starker Verleugnung und Rationalisierung ihres Verhaltens und zu „Rettungsfantasien". Sie sind oft der Meinung, dass die sexuellen Handlungen ihren Patienten nicht schaden und zeigen eine verminderte Fähigkeit zu empathischem Verhalten. Zudem arbeiten sie öfter in einer Einzelpraxis (Somer & Saadon, 1999).

Eine weitere typische Entschuldigung von Psychotherapeuten für sexuelle Verhaltensweisen gegenüber Patientinnen ist die Beteuerung, die Patientin aufrichtig und ernsthaft zu lieben. Die verfügbaren Zahlen dazu sind erstaunlich: In einer Studie von Gartrell, Herman, Olarte, Feldstein und Localio (1989) gaben 65 Prozent der Täter an, die missbrauchte Patientin zu lieben und 92 Prozent glaubten, dass die Patientin ihre Liebe erwiderte.

---

2 Zusammengefasste Ergebnisse diverser empirischer Studien zum Thema durch Koocher und Keith-Spiegel (2016)

Initiierung des sexuellen Verhaltens

Trotz dieser empirisch gezeigten Eigenschaften und Muster ist es oftmals nicht der Psychotherapeut, der sexuelles Verhalten in der Psychotherapie initiiert. Somer und Saadon (1999) fanden, dass ungefähr ein Viertel aller Patientinnen, die ein sexuelles Verhältnis mit ihrem Psychotherapeuten hatten, angaben, dass die erste Umarmung von ihnen selbst ausgegangen sei. Aber selbst, wenn dies in den betreffenden Fällen der Fall gewesen sein sollte, ist dies höchstens eine Erklärung und in keinem Fall als Entschuldigung oder Rechtfertigung für sexuelles Verhalten eines Psychotherapeuten zu akzeptieren.

Wahrung der professionellen Distanz

Auch unter diesen „erschwerenden“ Umständen ist es die moralische Pflicht eines jeden Psychotherapeuten, die professionelle Distanz zu wahren und auf jegliche sexuellen Verhaltensweisen zu verzichten, um im langfristigen Interesse der Patientin zu handeln, sie zu schützen und ihr nicht zu schaden.

Um das vorliegende Kapitel zusammenzufassen und abzuschließen, seien noch einmal Pope und Vasquez (2010) zitiert:

> Für alle von uns, die eine sexuelle Anziehung zu einem Klienten erleben ist es wichtig zu wissen, dass die wissenschaftlichen Erkenntnisse zeigen, dass dies eine häufige Erfahrung ist. Sich von einem Klienten angezogen zu fühlen ist nicht moralisch falsch; sich diese Anziehung einzugestehen und rasch sowie adäquat darauf zu reagieren, ist hingegen eine wichtige ethische Verantwortung. Für einige von uns ist es in einem solchen Fall wichtig, einen geschätzten Kollegen zu konsultieren. Für andere hingegen kann es nötig werden, professionelle Supervision in Anspruch zu nehmen und für wiederum andere kann die Aufnahme einer eigenen Psychotherapie hilfreich sein. (S. 221; sinngemäß übersetzt durch MT)

8.5 Reprise des Falls

Es ist schwer vorstellbar, dass die intimen Textnachrichten des Arztes an Olga P. im eingangs dargestellten Fall nicht dessen sexuellen Bedürfnissen gedient haben. Seine Handlungen entsprechen gemäß der obigen Definition deshalb eindeutig sexuellem Verhalten und damit einem sexuellen Missbrauch der Patientin. Ein solcher ist grundsätzlich ein eindeutiges „No go“ in der Psychotherapie, weil für Patienten dadurch in jedem Fall mehr Schaden als Nutzen resultiert. Ein sexueller Missbrauch ist zudem ein Offizialdelikt, das den zuständigen Strafverfolgungsbehörden gemeldet werden muss.

9 Placebo und Verum in der Psychotherapie

„Der geheime Nebenschauplatz" – Fallbeispiel von Jens Gaab und Manuel Trachsel

Die 42-jährige Frau P. meldete sich auf Anraten ihres Hausarztes für eine Psychotherapie an. In der ersten Sitzung berichtete sie, dass ihr Hausarzt auch nicht mehr weiterwisse, dass alle seine bisherigen Behandlungsversuche mit diversen Medikamenten, Ratschlägen und Aufforderungen erfolglos geblieben seien und dass er nun eine Psychotherapie vorschlage. Auf die Frage des Psychotherapeuten, was Frau P. davon halte, nun hier in der Psychotherapie zu sein, zuckte sie zuerst etwas ratlos wirkend mit den Schultern, steigerte sich jedoch anschließend in eine längere Tirade gegen die Schulmedizin und deren zunehmende Tendenz zur Reduktion von Patienten auf ihre einzelnen Körperorgane und schloss mit einem resignierten „Jetzt bin ich halt hier gelandet!"

Die Exploration ihrer Beschwerden zeigte eine ausgeprägte chronische Erschöpfungssymptomatik seit mindestens drei Jahren, die phasenweise durch starke Gelenk- und Muskelschmerzen verstärkt werde, jedoch nie ganz verschwinde. Aufgrund dieser starken dauerhaften Beschwerden habe Frau P. ihren erlernten Beruf als Pflegefachfrau nicht mehr ausüben können und ihrer Rolle als Mutter könne sie nach eigenem Empfinden ebenfalls nicht mehr gerecht werden. Zu ihrem Ehemann bestehe eine konfliktreiche Beziehung und sie fühle sich von ihm abgelehnt, da er ihre Beschwerden nicht ernst nehmen würde, sie in der Haushalts- und Erziehungsarbeit nicht unterstütze, seine Energie nur in die eigene Karriere als leitender Ingenieur einer großen Baufirma investiere und auch an den Wochenenden kaum Zeit zu Hause oder mit der Familie verbringe.

Der Verlauf der ersten fünf Psychotherapiesitzungen war vom Aufbau einer tragfähigen Beziehung zu Frau P. und der Formulierung eines gemeinsamen Verständnisses ihrer Beschwerden geprägt. Hierbei zeigte sich, dass Frau P. sich grundsätzlich im Stich gelassen und einsam fühlte. Niemand nehme sie ernst und niemand wolle oder könne verstehen, was sie alles durchmache und wie schwierig das alles für sie sei. Sie sah die Ursachen dafür vor allem im Unwissen und dem Egoismus der anderen, obwohl sie zugab, dass sie vielleicht auch nicht immer die Beste darin sei, eigene Wünsche, Bedürfnisse und Probleme direkt anzusprechen. Die Belastungen durch dieses Gefühl, nicht verstanden zu werden, und die damit erlebte Einsamkeit hatten wiederum Einfluss auf ihre Beschwerden, so dass sie sich in einem ausweglosen Teufelskreis aus Beschwerden und Belastungen sah. Das Verhalten von Frau P. in der Therapie und in der Beziehung zum Therapeuten war von Distanz und Kontrolle dominiert. Auf Angebote seitens des Therapeuten, das eigene Befinden in der Therapie oder die therapeutische Beziehung zu besprechen, reagierte sie durchgehend mit rasch formulierten und etwas gereizten Beteuerungen, dass schon alles in Ordnung sei.

Mit zunehmender Anzahl Sitzungen konnte Frau P. dann auch zunehmend persönliche Inhalte zur Sprache bringen. Sie berichtete von prägenden Erfahrungen in ihrer Jugend und stellte diese in Zusammenhang mit aktuellen Erlebnissen und Verhaltensmustern. Wichtig war dabei die von ihr in der 14. Therapiesitzung spontan geäußerte Erkenntnis, dass sie sich beim Therapeuten nicht für ihre Beschwerden rechtfertigen müsse. Bei dieser Äußerung verspürte Frau P. eine für sie zu diesem Zeitpunkt unverständliche Erleichterung. Auch außerhalb der Psychotherapiesitzungen kam es zu Veränderungen. So führte sie eine offene Auseinandersetzung mit ihrem Ehemann, welche Frau P. zwar als erschöpfend und enttäuschend wahrnahm, die aber auch dazu führte, dass ihr Ehemann eine Haushaltshilfe einstellte. Zudem nahm Frau P. ein lang vernachlässigtes Hobby – das Einmachen von Gemüse und Obst – wieder auf und begann, regelmäßige Spaziergänge zu unternehmen und später sogar mit leichtem Nordic Walking zu beginnen.

Auf diese verschiedenen positiven Veränderungen angesprochen, zeigte sich Frau P. erfreut und offenbarte, dass sie selbst ebenfalls feststelle, dass ihr vieles in ihrem Leben bereits besser gelinge und dass sie wieder mehr Energie verspüre. Sie sei sehr froh, vor vier Monaten mit der bioenergetischen Behandlung bei einer Heilerin begonnen zu haben. Zuerst habe sie sich zwar geschämt und die Besuche bei der Heilerin vor allen Bekannten und dem Psychotherapeuten geheim gehalten. Nun sei sie aber froh, mit jemanden darüber sprechen zu können, da sich gezeigt habe, dass die Effekte fantastisch seien. Vor allem die rituelle Behandlung mit einer energetisch aufgeladenen Blütenessenz sei von durchschlagender Wirkung gewesen. Diese Behandlung habe ihr anschließend genügend Kraft für den Konflikt mit ihrem Mann gegeben und sie habe diese neue Energie auch mit in die Psychotherapie gebracht. Frau P. schlug anschließend vor, zukünftige Patienten mit ähnlichen Beschwerden direkt in Kombination mit energetisch aufgeladenen Blütenessenzen zu behandeln.

Auf die Frage des Therapeuten, was ihr die Psychotherapie denn gebracht habe, erwiderte Frau P., dass sie froh gewesen sei, mit jemandem auch über diese ganzen Erfolge sprechen zu können. Sie würde die Psychotherapie nun aber gerne beenden, da die bioenergetische Behandlung ihre ganze Zeit und auch ihre zur Verfügung stehenden finanziellen Mittel benötigen würde. Der Psychotherapeut zeigte sich überrascht und versuchte – mehr schlecht als recht – seine Enttäuschung aufgrund dieser unerwarteten Offenbarung zu verbergen, indem er Frau P. zu ihren erzielten Veränderungen beglückwünschte und sie fragte, ob sie denn erwarte, dass diese Verbesserungen dauerhaft seien. Darauf reagierte Frau P. distanziert und kühl. Sie äußerte, dass sie natürlich wisse, dass dies für Außenstehende nicht nachvollziehbar sei, dass die bioenergetische Behandlung aber bei ihr sehr gut wirke – ganz im Gegensatz zu anderen Therapieansätzen.

„Heiligt der Zweck die Mittel?" – Fallbeispiel von Jens Gaab und Manuel Trachsel

Ein angehender Rechtsanwalt sucht nach einem Verkehrsunfall vor vier Monaten, bei dem einer seiner Freunde gestorben ist und er selbst schwer verletzt wurde, den Psychotherapeuten auf, um seine wiederkehrenden Alpträume und Ängste behandeln zu lassen. Er vermeidet seit dem Unfall so gut wie möglich Straßen und den Straßenverkehr, schläft sehr schlecht und immer wieder plagen ihn wiederkehrende Erinnerungen an den Unfall. Neben den unfallbedingten Schmerzen beeinträchtigen diese Veränderungen und Beschwerden seine Leistungsfähigkeit, die nun im Abschluss seines Studiums von Nöten wäre. Noch im Krankenhaus wurde ihm mitgeteilt, dass nach solchen Unfällen posttraumatische Belastungsstörungen auftreten können und er hat sich in der Folge während der Rehabilitation anhand von Selbsthilfebüchern und Internetseiten über deren Behandlung informiert.

Im Erstgespräch ist er kooperativ und berichtet ausführlich von seinen Beschwerden, von sich selbst und seinen Plänen. Er ist fasziniert von der aktuellen Hirnforschung und ihrem Potenzial bei der Behandlung von psychischen Störungen und sieht den Psychotherapeuten dabei erwartungsvoll an, der ja sicherlich auch froh sei, endlich nicht mehr nur auf Gespräch und Zuwendung angewiesen sein zu müssen. Nach Bestätigung des Therapeuten, dass Forschung immer auch für die Behandlung relevant sei, erläutert der Patient dem Psychotherapeuten seine Behandlungsansichten. Diese basieren weitgehend auf dem Vorgehen des „Eye Movement Desensitization and Reprocessing (EMDR)" und der Patient ist überzeugt, dass das auch bei ihm funktionieren würde. Der Psychotherapeut nimmt dies zur Kenntnis und entgegnet, dass das jeweils angemessene therapeutische Vorgehen in jedem Einzelfall das Ergebnis eines gemeinsamen Verständnisses ist.

Die folgenden Therapiesitzungen sind von der Anamnese der Beschwerden und der aktuellen Lebenssituation geprägt, wobei der Patient aber immer wieder nachfragt, wann denn nun mit der EMDR angefangen werde und wie lange diese denn dauern würde. Der Psychotherapeut ist zunehmend irritiert, da er einerseits kein EMDR-Therapeut und andererseits auch von der wissenschaftlichen Integrität dieser Methode nicht überzeugt ist. Er recherchiert und findet zahlreiche wissenschaftliche Artikel, die sich in den Ergebnissen und Aussagen oft stark unterscheiden, sowie die Beurteilung der EMDR durch die American Psychological Association als „extremely controversial among researchers". Gleichzeitig ist er sich aber sicher, dass der Patient gut auf diese Therapie ansprechen würde und diese Therapie zudem einige Bestandteile aufweist, die seiner Kenntnis nach in der Traumatherapie effektiv sind und die er selbst als hilfreich in seiner eigenen Praxis erlebt hat. Auch hat er die Befürchtung, dass er den Patienten verlieren würde, wenn er die gewünschte Therapie nicht durchführen würde. Er liest sich also in die Methode ein und ergänzt in den folgenden Sitzungen den Traumabericht mit Augenbewegungen. Der Patient zeigt schnell deutliche Verbesserungen seiner Befindlichkeit und ist von der EMDR-Therapie begeistert. Nach vier weiteren Sitzungen wird die Therapie erfolgreich beendet. Der Patient hat kaum noch Flashbacks und fühlt, dass er nun alleine weiterkommt.

„Falsche Hoffnungen?" – Fallbeispiel von Jens Gaab und Manuel Trachsel

Die 47-jährige alleinstehende Mutter ist verzweifelt. Sie leidet seit über 10 Jahren an einer Panikstörung mit Agoraphobie und kann infolgedessen ihrer Rolle als Mutter von zwei pubertierenden Töchtern kaum noch nachkommen. Sie arbeitet als Verkäuferin und kann diese Tätigkeit nur mit Hilfe von Alkoholkonsum und „Notfalltropfen" bewältigen. Auf Nachfrage stellt sich heraus, dass diese sowohl aus alternativmedizinischen Präparaten als auch aus verschreibungspflichtigen Benzodiazepinen bestehen. In den letzten Monaten kam es insgesamt zu einer Verschlechterung der Lebenssituation und in der Folge zu immer häufigeren Panikattacken, die auch ihre Arbeitsfähigkeit stark einschränkte. Die Patientin ist verzweifelt, weil ein drohender Jobverlust zu größeren finanziellen, persönlichen und familiären Problem führen würde.

Das Angebot der psychotherapeutischen Behandlung ihrer Beschwerden führte bei der Patientin zu überwältigender Erleichterung. Sie fängt an zu weinen und drückt dem Psychotherapeuten spontan mehrmals dankbar die Hand. Im Lauf der nächsten drei Sitzungen kam es zu einer deutlichen Verbesserung ihres Zustands und die Patientin blühte geradezu auf, was den Psychotherapeuten einerseits freute und in seinem Vorgehen bestärkte, aber anderseits für ihn nicht erklärbar war, da er in diesen Sitzungen vor allem diagnostisch und eigentlich kaum therapeutisch vorgegangen war. Die Diskussionen über diesen Fall in seiner Intervisionsgruppe und anschließende Fragen an die Patientin nährten in ihm den Verdacht, dass der eigentlich erfreuliche Verlauf vor allem auf die Hoffnung auf Besserung der Patientin zurückzuführen war und er diese Hoffnungen bei dieser Patientin weder teilte noch für angemessen hielt.

9.1 Placebo domino in regione vivorum?

Die drei Fallbeispiele haben ihren gemeinsamen Nenner in der Annahme, dass die darin beschriebene therapeutische Wirkung der durchgeführten Behandlung nicht auf die Behandlung selbst, sondern durch – zumindest aus Sicht der betroffenen Psychotherapeuten – „heiße Luft" erwirkt wurden. Damit kommen die betroffenen Psychotherapeuten in eine interessante ethische Zwickmühle: Sollen sie ihr Fachwissen zugunsten der Überzeugungen der Patienten hinsichtlich der Wirkfaktoren für sich behalten? Oder sollen sie ihre Patienten über die tatsächlichen Ursachen ihrer Verbesserung in Kenntnis setzen, auch wenn dies entweder zur Verschlechterung ihres Ansehens beim Patienten, der therapeutischen Beziehung und/oder des Befindens der Patienten führen könnte? Oder etwas anders ausgedrückt: Ist eine (wirksame) Intervention vertretbar, auch wenn diese kein Verum ist? Oder ist es vertretbar, dass man eine (wirksame) Intervention nur deswegen nicht durchführt, weil sie kein Verum ist? Bezugnehmend auf zwei traditionelle Theorien der normativen Ethik, kann die Situation auch beschrieben werden als Konflikt zwischen einer deontologischen („Der Zweck heiligt die Mittel nicht") und einer konsequentialistischen Ethik („Der Zweck respektive der resultierende Nutzen ist zentral") (siehe Kasten zu Deontologie und Konsequentialismus auf den Seiten 92 bis 93).

Ethische Aspekte von Placebo

Das Paradoxon – *Wirkung durch Wirkungsloses* oder *Echtes durch Falsches* – ist im Kontext des zunehmenden Einflusses falscher Informationen auf gesellschaftliche Belange (Stichwort „fake news") nicht neu, sondern fand seit dem 18. Jahrhundert unter der Bezeichnung *Placebo* Eingang in den medizinischen Behandlungskontext. Der Begriff selbst ist der christlichen Liturgie entnommen, wobei Placebo („Placebo domino in regione vivorum", deutsch: „*Ich werde wohlgefällig sein* vor dem Herrn im Lande der Lebenden") als Bezeichnung für bezahlte Klagegesänge bei der Totenandacht in Verruf geriet.

Placebo aus historischer Sicht

Interessanterweise erfreuten sich Placebos unter dem Deckmantel einer eigentlichen harm-, weil wirkungslosen Handlung lange Zeit großer Beliebtheit. Erst die Erkenntnis, dass Placebos doch klinische Effekte haben, führte Mitte des 20. Jahrhunderts zu einem Umdenken und einer zunehmend negativeren Konnotation des Begriffs. Diese veränderte Perspektive war auch ein Grund für die Forderung nach randomisiert placebo-kontrollierten Untersuchungsanordnungen als Grundlage der klinischen Entscheidungsfindung und der Etablierung der evidenzbasierten Medizin. Hierbei wird idealerweise jeder ungewünschte Einfluss durch die äußerliche Ununterscheidbarkeit der verabreichten Verum- und Placebointervention und der daraus folgenden Verblindung der Patienten und bestenfalls auch der Behandler kontrolliert, so dass der Nachweis der Wirksamkeit des Verums nach – blindem oder doppelblindem – Ausschluss der persönlichen, sozialen und kontextuellen Störfaktoren erbracht werden kann.

Es war aber nicht die Medizin und auch nicht die Wissenschaft, die dieses methodische Verfahren erfand; ein entsprechendes methodisches Vorgehen war schon im Mittelalter im Kontext der kirchlich betriebenen Exorzismen bekannt. Hierbei wurden angeblich vom Teufel besessene Personen mit fälschlicherweise als geweiht benannten Gegenständen konfrontiert. Kam es dann zu einer starken Reaktion, wurde diese als absichtlich und nicht des Teufels abgetan, was man rückblickend als lebensrettenden Placeboeffekt betrachten kann. Die erste Anwendung einer placebo-kontrollierten Wirksamkeitsüberprüfung im Behandlungskontext wurde am sogenannten animalischen Magnetismus *sensu* Franz Anton Mesmer (1734–1815) durchgeführt, der heute im Ansatz des *Eye Movement Desensitization and Reprocessing* (EMDR) – vom wissenschaftlichen Beirat der deutschen Bundespsychotherapeutenkammer zur Behandlung der Posttraumatischen Belastungsstörung anerkannt (Rudolf & Schulte, 2006) – seinen aktuellen Wiedergänger hat. Dabei führte eine vom französischen König Louis XVI. einberufene Kommission unter der Leitung von Benjamin Franklin verschiedene Experimente durch, bei denen Patienten verdeckt, offen sowie vorgetäuscht magnetisierten Objekten ausgesetzt wurden (Franklin et al., 1784/2002). Aufgrund der Ergebnisse dieser Untersuchungen wurde der animalische Magnetismus als inexistent und die dabei tatsächlich beobachteten Effekte als Folgen von Suggestion und Imagination angesehen.

In Bezug auf das anfangs erwähnte ethische Dilemma der Nutzung solcher Behandlungen und deren Effekte muss konstatiert werden, dass Benjamin Franklin und Kollegen der eindeutige Entscheid hier leichter fiel als dies heute möglich ist, da die methodischen Ansätze innovativer und die damaligen Kriterien für den Nachweis einer spezifischen Wirksamkeit strenger als die heutigen der *American Psychological Association* (APA) waren. Zur Auflösung dieses Dilemmas beziehungsweise zur Klärung der Frage, ob überhaupt ein solches Dilemma vorliegt, ist es wichtig die Beziehung von Placebo und Psychotherapie und ihren Effekten konzeptionell, empirisch und ethisch zu untersuchen.

9.2 Was ist Placebo und gibt es psychotherapeutische Placebos?

Placebo versus Verum

In der Regel wird mit Placebo eine Pille ohne Wirkstoffe assoziiert, die der tatsächlichen Medikation so ähnlich sieht, dass sie unter Täuschung von Patienten – und bei doppelblinden Untersuchungen auch der Behandler – als solche wahrgenommen wird. Tatsächlich ist die Darreichungsform von Placebos aber weit vielfältiger und letztendlich abhängig von der Behandlung, mit der sie im Forschungskontext verglichen werden soll. Beispielsweise gibt es auch Placebo-Akupunktur, Placebo-Arthroskopie, Placebo-Alkohol und Placebo-Stress. Der angenommene qualitative Unterschied zwischen Placebo und Verum – das Verum *mit* und das Placebo *ohne* physiologisch-aktivem Wirkstoff, so dass das Placebo „nur psychologisch-aktiv" wirkt – ist nicht nur angesichts der nachweisbaren physiologischen Effekte von Placebos problematisch, sondern führt darüber hinaus auch zum Ausschluss aller nichtmedizinischen Interventionen im engeren Sinne.

Placebo in der Psychotherapie

Sind aber die verbleibenden psychologischen Interventionen immun gegen das Placebo und dessen Effekte? Wie schon in den Fallbeispielen angedeutet, ist dem nicht eindeutig zuzustimmen und auch das vorherrschende evidenzbasierte Paradigma in der Psychotherapieforschung bietet hier aus zwei Gründen keinen wirklichen Schutz: Erstens werden dabei in der Regel Vergleiche von psychotherapeutisch-behandelten mit unbehandelten Patientengruppen durchgeführt, was die Kontrolle von Placeboeffekten ausschließt und auch keine Aussagen zur Spezifität der beobachteten Effekte zulässt. Zweitens sind die Vergleiche mit psychotherapeutischen Placebobedingungen – wenn sie dann durchgeführt werden – grundsätzlich problematisch, da diese inhaltlich von Behandlern und Patienten erkennbar sind, in der Regel strukturell verschieden sind (z. B. weniger Stunden, anderes Setting, weniger Supervision) und von der Überzeugung der Forschenden sowie der Glaubwürdigkeit des Placebos und dem dabei erlebten Ausmaß emotionaler Erfahrungen abhängig ist (Locher, Hasler & Gaab, 2016). Entsprechend mag es nicht erstaunen, dass deren Effekte in Abhängigkeit dieser strukturellen sowie inhaltlichen Faktoren variieren und unter Kontrolle dieser Faktoren die Unterschiede zwischen Placebokontroll- und Psychotherapiebedingungen verschwindend gering beziehungsweise klinisch unbedeutsam sind (Locher et al., 2016; Woodworth et al., 2016). Auch ist der in einer Metaanalyse mit depressiven Patienten gefundene Wirkungsunterschied zwischen Placebopillen und Psychotherapie enttäuschend gering (Effektstärke $d=0.25$; Cuijpers et al., 2014). Insgesamt ist der Ansatz und die Umsetzung solcher Placebokontrollbedingungen problematisch, da deren Effekte einfach manipulierbar sind und entsprechend wird die vereinfachende Übernahme von Untersuchungsdesigns aus der biomedizinischen Interventionsforschung kritisiert (Kirsch, Wampold & Kelley, 2016).

Um auf die eingangs erwähnte Frage zurückzukommen: Sprechen diese methodischen Probleme nun dafür, dass Psychotherapie durch Placebo und dessen Effekte unbeeinflussbar ist? Falls es so etwas wie ein „psychotherapeutisches Placebo" gäbe und dies auch bedeutsame Effekte hätte, würde dies sowohl klinische als auch ethische Konsequenzen haben. In der Medizin werden Behandlungen meistens nur dann zugelassen, wenn diese eine mindestens gleich starke Wirkung wie Placebo zeigen und darüber hinaus müssen Patienten vollumfänglich über die Bestandteile und Wirkungen der Behandlungen aufgeklärt werden.

Die Gleichsetzung von Placebo mit Psychotherapie beziehungsweise bestimmten Psychotherapieansätzen folgte bislang entweder einer bösartigen oder wohlmeinenden Perspektive. So haben verschiedene Autoren einsichtsorientierte Psychotherapien, EMDR, nichtbehaviorale Ansätze oder gar Psychotherapie *in corpore* als Placebo angesehen oder mit Placebo in Verbindung gebracht. Andererseits gibt es auch Ansätze, das Potenzial von Placebo psychotherapeutisch zu nutzen oder den Vorschlag einer erwartungsinduzierenden Psychotherapie (Rief & Glombiewski, 2016).

Interessanterweise gibt es – abgesehen von den problematischen Placebokontrollbedingungen in Wirksamkeitsstudien (siehe oben) – bislang nur wenige experimentelle Studien zu den Effekten von psychotherapeutischen Placebos, das heißt „inhaltsleeren" Interventionen, die mit einer psychotherapeutischen Bedeutung versehen werden. Beispielsweise konnte gezeigt werden, dass ein Fitnesstraining mit dem Hinweis, dass dieses den Selbstwert steigern werde, diesen im Vergleich zu einem „nur" aeroben Fitnesstraining tatsächlich erhöhen (Desharnais et al., 1993). Auch konnte in einem Vergleich von zwei sich widersprechenden Interventionen – tiefes oder flaches Atmen zur Erhöhung oder Senkung des CO_2-Partialdrucks bei der Ausatmung – bei Patienten mit Panikstörungen gezeigt werden, dass beide Interventionen – bei denen aus Sicht der anderen Intervention zumindest eine der beiden als Placebo angesehen werden kann – bis sechs Monate nach Ende der fünfwöchigen Behandlung gleich hohe und klinische bedeutsame Verbesserungen der Paniksymptomatik aufwiesen (Kim, Wollburg & Roth, 2012). Diese klinisch bedeutsamen Effekte von Placebo mit psychotherapeutischer Bedeutung sind zwar erstaunlich, aber insgesamt aus empirischer sowie theoretischer Sicht wenig überraschend. So zeigen sich gerade bei psychischen und psychosomatischen Störungen klinisch bedeutsame Placeboeffekte (z. B. Tuttle et al., 2015). Aus theoretischer Sicht lassen sich diese Effekte damit erklären, dass Patienten einer Behandlung eine bestimmte *Bedeutung* zuschreiben und anschließend psychologisch und/oder physiologisch auf diese Bedeutung reagieren (*meaning response,* Moerman & Jonas, 2002), wobei gerade in Bezug auf die Psychotherapie hier in den letzten Jahren eine empirische Überprüfung stattgefunden hat (Wampold & Imel, 2015).

9.3 Eine Frage der Perspektive

Wie lässt sich nun mit dem in den Fallbeispielen beschriebenen Problem – *Wirkung durch für wirkungslos Gehaltenes* – sowie der nicht unbedingt anstrebenswerten theoretischen und empirischen Nähe von Placebo und Psychotherapie umgehen? Die etwas in Vergessenheit geratene Definition von Placebo durch Arnold Grünbaum (1981) bietet die Möglichkeit einer Klärung. Grünbaum nimmt an, dass jede Behandlung aus charakteristischen und zufälligen Bestandteilen besteht, wobei diese auf der Grundlage einer Behandlungstheorie der einen oder der anderen Klasse zugeordnet wird. Eine Behandlung wird dann als Placebo verstanden, wenn diese aufgrund einer bestimmten Behandlungstheorie keine charakteristischen Bestandteile enthält und – absichtlich oder unabsichtlich – vom Behandler an den Patienten verabreicht wird und der Patient somit auch nicht darüber informiert ist. Mit dieser Definition wird einerseits klar, dass die qualitative Beschaffenheit der Behandlung wie auch deren Effekte kein Kriterium für Placebo oder Verum ist, sondern allein die absichtliche oder unabsichtliche Täuschung von Patienten. Andererseits erweitert sich damit das Problem, da auch die unabsichtliche Verabreichung eines Placebos als Placebo zu werten ist. Auf dem Hintergrund einer behandlungstheoriebezogenen Definition der charakteristischen und zufälligen Behandlungsbestanteile wird dabei nicht nur der fortwährende Disput zwischen Exponenten der verschiedenen psychotherapeutischen Ansätze als direkte Folge unterschiedlicher Behandlungstheorien relativiert; es lassen sich zudem wichtige theoretische und klinisch-praktische Forderungen ableiten.

Grünbaums Definition von Placebo

Entsprechend ist es sinnvoll, die aktuellen Theorien zur Wirkungsweise von Psychotherapie entsprechend der empirischen Befunde zu revidieren (Gaab et al., 2016). Beispielsweise ist der empirische Nachweis für eine korrekte Zuordnung der charakteristischen und zufälligen Behandlungsmerkmale von Psychotherapie bislang nicht überzeugend erbracht worden, wohingegen die sogenannten „common factors“ oder *unspezifischen Wirkfaktoren* (die in der medizinischen Wirksamkeitsforschung als Bestandteile von Placebo angesehen werden!) einen Großteil der Varianz des Psychotherapie-Outcomes aufklären (z.B. Wampold & Imel, 2015). Interessanterweise ist die Forderung nach einer Revision von Theorien zur Wirkungsweise von Psychotherapie schon mehrfach umgesetzt worden, hat jedoch wenig Beachtung gefunden. So ist beispielsweise die Interpersonale Therapie, die heute als ein Grundpfeiler der psychotherapeutischen Depressionsbehandlung gilt, ursprünglich als Kontrollbedingung in einer pharmakologischen Studie konzipiert worden. Dabei ging der verantwortliche Forscher, Gerald Klerman, nicht einmal von der Wirksamkeit dieser Kontrolltherapie aus (Weissman, 2006). Ein weiteres Beispiel ist die *Present-Centered Therapy* (Frost, Laska & Wampold, 2014)

Charakteristische und zufällige Behandlungsmerkmale

zur Behandlung der Posttraumatischen Belastungsstörung (PTBS), die ursprünglich als Kontrollgruppe zur Evaluation einer anderen Therapie figurierte, um anschließend – mit einer Behandlungstheorie versehen – nun von der American Psychological Association (APA) als evidenzbasierte Behandlung eingestuft ist.

Des Weiteren hat die Erkenntnis, dass implizite allgemeine Faktoren einen größeren Anteil am Psychotherapieeffekt als die sogenannten spezifischen Faktoren haben und dieser Sachverhalt bisher nicht Eingang in bestehende Theorien zur Wirkungsweise von Psychotherapie gehabt hat, weitreichende Konsequenzen für die klinische Praxis. Zum praktischen Umgang damit lassen sich zwei Möglichkeiten unterscheiden: Entweder Psychotherapeuten verschweigen dies oder informieren ausreichend über diesen Sachverhalt.

Offenlegung von Placebo?

Es ist dabei denkbar, dass Psychotherapeuten sich für ersteres entscheiden, da sie einerseits eine Beeinträchtigung der Therapieeffekte als Folge der Offenlegung der Bedeutung „zufälliger" Behandlungsbestandteile befürchten oder andererseits deren Bedeutung für die Psychotherapie als nicht gegeben betrachten. Beides ist mit Blick auf die Ergebnisse der Psychotherapieforschung nicht haltbar. Neuere Studien zeigen, dass selbst die offene Verabreichung von Placebos – bei der Patienten offen darüber aufgeklärt werden, dass sie Placebos erhalten – zu klinisch bedeutsamen Effekten führt (Carvalho et al., 2016). Da aber auch die gemeinsame Bestimmung von Therapiezielen und eine offene sowie konstruktive Zusammenarbeit als zwei der bedeutsamsten Aspekte in einer Psychotherapie anzusehen sind (Wampold & Imel, 2015), und da paternalistisches Zurückhalten von wichtigen Behandlungsinformationen somit nicht nur eine Verletzung des Autonomieprinzips, sondern auch eine Gefährdung der psychotherapeutischen Beziehung nach sich ziehen kann, spricht sehr viel für eine offene und proaktive Information von Patienten über die charakteristischen und zufälligen Bestandteile der betreffenden Psychotherapie (Blease et al., 2016; Gaab et al., 2016; Trachsel & Gaab, 2016).

9.4 Fazit für die Praxis

Der Zweck heiligt die Mittel nicht

Insgesamt zeigen die Ergebnisse der Placebo Forschung eindrücklich, dass nicht alles was wirkt, auch gut ist. Auch wenn die Wirkung einer Psychotherapie nicht nur eine Konsequenz, sondern auch das Ziel derselben ist, ist eine rein konsequentialistische Perspektive im Sinne von „der Zweck heiligt die Mittel" abzulehnen, da manche dieser Mittel die Autonomie des Patienten einschränken. Patienten sollten vielmehr über die Mittel, mit der die Veränderungen angestrebt werden, und deren wissenschaftlichen Status offen und angemessen informiert werden (zu Patientenaufklärung, Einwilligungsfähigkeit und informierte Einwilligung siehe Kapitel 2).

9.5 Reprise der Fälle

Wie kann den in den Fallbeispielen beschriebenen ethischen Problemen begegnet werden? Aufgrund der oben beschriebenen Befunde und Schlussfolgerungen aus der Psychotherapieforschung ist es sinnvoll und notwendig, dass Psychotherapeuten ihre Überlegungen zur Behandlung auf dem Hintergrund von Behandlungstheorien ihren Patienten mitteilen. Dies könnte bezogen auf die obigen Fallbeispiele konkret wie folgt aussehen:

- Die klinische Besserung der Patientin im ersten Fallbeispiel wird von ihr einzig der bioenergetischen Behandlung zugeschrieben und nicht der Psychotherapie. Zudem erklärt die Patientin die Psychotherapie mit ihrer Offenbarung gleichzeitig für beendet. Es stellt sich also die Frage, ob der Psychotherapeut hier das Recht hat, die Sichtweise der Patientin überhaupt in Frage zu stellen. Angemessen wäre aber sicherlich die Betonung der angenommenen wirksamen Aspekte der zu Ende gehenden Psychotherapie: „Ich kenne mich nicht mit der bioenergetischen Behandlung aus, aber es freut mich, dass dieses Vorgehen für Sie plausibel und wirksam ist. Wichtig ist, dass diese Therapie bei Ihnen für die Kraft und Zuversicht sorgt, um zentrale Dinge in Ihrem Leben nun aktiv anzugehen. Ich möchte mit Ihnen gerne anschauen, was an unseren gemeinsamen Gesprächen für Sie wichtig war und was Sie aus der Psychotherapie mitnehmen." Zusätzlich kann angeboten werden, die Psychotherapie bei Bedarf wiederaufzunehmen.
- Die vom Patienten verlangte und dann auch sehr effektive EMDR-Behandlung in dem zweiten Fallbeispiel ist als Paradebeispiel einer konsequentialistischen Vorgehensweise zu sehen: *Was wirkt, ist gut.* Der Psychotherapeut scheut sich aufgrund der Befürchtung, den Patienten zu verlieren oder bei ihm keine Wirkung zu erzielen, diesem reinen Wein einzuschenken. So entscheidet er sich dafür, mit dem Nimbus des mit „unlauteren" Mitteln erzielten Therapieerfolgs zu leben, und hofft, dass der Patient diese Methode einerseits nicht weiterempfiehlt und andererseits nichts über den entsprechenden wissenschaftlichen Diskurs erfährt. Alternativ dazu könnte der Psychotherapeut mit dem Patienten offen über diese Bedenken sprechen und ihn anschließend erneut für oder gegen die Psychotherapie entscheiden lassen: „Ich merke, dass ich mit Ihnen über das von Ihnen vorgeschlagene Vorgehen reden muss. EMDR wird unter Fachleuten kontrovers diskutiert, selbst wenn es unbestritten effektiv ist. Aus meiner Sicht – und hierfür gibt es wissenschaftliche Befunde – ist es natürlich wichtig und richtig, über ihre Traumatisierung zu sprechen. Die zusätzlichen Handbewegungen des EMDR sind aber dafür weder notwendig noch theoretisch stichhaltig begründet. Ich möchte Ihnen EMDR nicht ausreden, jedoch kann ich Ihnen dieses Vorgehen nicht anbieten. Meinem Verständnis nach ist es wichtig, dass wir gemeinsam über Ihr Trauma und dessen Konsequenzen

auf Ihr Leben sprechen, dass Sie sich bei und mit mir wohlfühlen, dass wir sowohl ein gemeinsames Verständnis Ihres Problems als auch der Therapieziele entwickeln und dass wir gut und produktiv zusammenarbeiten."

- Auch im dritten Fallbeispiel befindet sich der Therapeut in einem Dilemma: Hat Hoffnung auch dann Auswirkungen auf die Realität, wenn man die vermeintliche Realität als Hoffnung demaskiert? Ein Hinweis gibt hier die Placeboforschung: Ein gelernter Placeboeffect kann dann verloren gehen, wenn man darüber aufklärt und auch in dem beschriebenen Fallbeispiel ist eine entsprechende Verschlechterung denkbar. Gleichzeitig ist das Phänomen einer initialen und bedeutsamen Verbesserung in der Forschungsliteratur als *sudden gain* bekannt und wurde als *Remoralisierung* schon früh als zentraler Aspekt des psychotherapeutischen Prozesses benannt. Entsprechend ist die initiale Verbesserung nicht als Artefakt, sondern als realer Aspekt der Behandlung zu werten und es ist angemessen, dies auch mit der Patientin zu besprechen: „Es freut mich sehr, dass Sie schon so schnell eine Verbesserung Ihrer Befindlichkeit erleben. Man kennt solche schnellen Therapieerfolge aus der Forschung und weiß, dass diese sogar recht stabil sein können. Ich möchte mit Ihnen gerne besser verstehen, warum und wie Ihnen die bisherige Behandlung geholfen hat."

Im folgenden Kasten werden die beiden normativen Ethiktheorien der Deontologie und des Konsequentialismus dargestellt:

Deontologie und Konsequentialismus

Deontologische Ethiktheorien

Deontologische Ethiktheorien versuchen, aus allgemeinen Prinzipien Pflichten abzuleiten, weshalb diese Theorien auch als *Pflichtenethik* bezeichnet werden. Diese Pflichten sollten handlungsleitend sein und eingehalten werden, unabhängig davon, welche Konsequenzen eine Handlung im Einzelfall zur Folge hat. Immanuel Kant drückte dies im berühmten *kategorischen Imperativ* aus, von dem es verschiedene Versionen gibt. Eine besonders einleuchtende Version lautet: „Handle nur nach derjenigen Maxime, durch die du zugleich wollen kannst, dass sie ein allgemeines Gesetz werde" (Kant, 1781). Es ist somit das Motiv einer Handlung, das entscheidet, ob eine Handlung moralisch gut ist, nicht deren Konsequenzen. Eine andere Version des kategorischen Imperativs lautet: „Handle so, dass du die Menschheit sowohl in deiner Person, als in der Person eines jeden anderen jederzeit zugleich als Zweck, niemals bloß als Mittel brauchst" (Kant, 1781). In dieser Version kommt zum Ausdruck, dass Menschen in der Pflichtenethik nicht als „Mittel zum Zweck" instrumentalisiert werden dürfen.

Konsequentialistische Ethiktheorien

Konsequentialistische Ethiktheorien (Teleologie) betrachten hingegen die Folgen einer Handlung. Diese Folgen bestimmen darüber, ob eine Handlung moralisch gut ist, nicht in erster Linie deren Motiv. Die bekannteste

Spielart des Konsequentialismus ist der *Utilitarismus*, bei dem der erwartete Nutzen respektive das erwartete Ziel einer Handlung den moralischen Wert einer Handlung bestimmt. Jeremy Bentham, der als Begründer des Utilitarismus gilt, formulierte als Ziel ethischen Handelns „das größte Glück der größten Zahl" (Bentham, 1780/1907), was so viel bedeutet, dass eine Handlung nicht danach bemessen werden soll, welcher Nutzen sie für eine einzelne Person hat, sondern ob sie den größten Nutzen für die größte Anzahl Personen zur Folge hat. Dies bringt mit sich, dass der Utilitarismus auch nach den gesellschaftlichen Folgen einer Handlung fragt.

10 Unfreiwillige Klinikeinweisung und andere Formen von Zwangsmaßnahmen

„Das Komplott" – Fallbeispiel von Vera Luif

Herr K., ein promovierter Naturwissenschaftler, Anfang 30, besucht zum Zeitpunkt seiner Krise seit über drei Jahren Sitzungen in einem psychoanalytisch-psychotherapeutischen Setting. Er kommt einmal wöchentlich, und die Therapiestunden finden im Sitzen statt. Herr K. leidet seit der Adoleszenz an einer rezidivierenden depressiven Störung und besucht deshalb seit seinem 20. Lebensjahr psychotherapeutische Sitzungen. Seither nimmt er auch Fluoxetin als antidepressive Medikation ein.

Er ist ein zurückhaltender, unauffälliger junger Mann und kommt von Beginn an sehr zuverlässig in die wöchentlichen Therapiesitzungen. Zu Beginn der Therapie sind vor allem Probleme mit der anstehenden Dissertation und seine Schwierigkeiten, Frauen kennenzulernen, zentrale Themen. Eine romantische Beziehung hatte er bisher noch nie, und auch sonst fällt ihm das Aufrechterhalten von längeren und nahen freundschaftlichen Beziehungen schwer. Er hat die Tendenz, sich sozial zu isolieren und verbringt viel Zeit in internetbasierten sozialen Netzwerken.

Herr K. ist in schwierigen Familienverhältnissen aufgewachsen: Seine Mutter züchtigte ihn und seinen älteren Bruder oft mit der Rute, und sein Vater hatte wiederkehrend Ausbrüche von Jähzorn, bei denen er die Kontrolle über sein Handeln verlor und Herrn K. verprügelte. Der Vater war zudem schwer depressiv, unternahm im Laufe der Kindheit und Adoleszenz des Patienten mehrere Suizidversuche und war schließlich nicht mehr arbeitsfähig. Die Beziehung zu seinen Eltern war für Herrn K. immer sehr belastet, weil er diese vor allem als strafend, streng und lieblos erlebte. Positive Bezugspersonen in seiner Kindheit waren seine Großmutter und eine Tante – doch auch diese konnten ihn nicht vor den Gewaltübergriffen der Eltern schützen.

Im Verlauf der Therapie gelingt es Herrn K., seine Dissertation mit Erfolg abzuschließen. Zudem stellt er eine eigene Firma in seinem Spezialgebiet auf die Beine. Erste Erfolge beginnen sich abzuzeichnen, eine mögliche berufliche Selbstständigkeit rückt in greifbare Nähe, welche ihm aufgrund seiner Schwierigkeiten mit autoritären und hierarchischen

Strukturen sehr entgegenkäme. Auch intensiviert sich die Beziehung zu einer gleichaltrigen Frau, die er über eine Dating-Plattform im Internet kennengelernt hat. Gleichzeitig beginnt sich aber auch ein Muster bezüglich der Entwicklungen in Herrn K.s Leben abzuzeichnen: Mit jedem Fortschreiten, jeder positiven Entwicklung stellen sich unmittelbar Rückschritte, Stagnationen, Enttäuschungen ein, die Herrn K. in hohem Maße beschäftigen und beeinträchtigen und von einer Zunahme depressiver Symptome begleitet werden.

Im Spätsommer des vierten Therapiejahres kommt dann vieles zusammen: Nach dem Abschluss der Dissertation eröffnen sich zeitlich zusätzliche Kapazitäten, die Herr K. in die eigene Firma investiert, bei der sich jedoch erhoffte Entwicklungen und Investitionen nicht einstellen. Zudem zieht sich die Internet-Bekanntschaft, bei der sich ebenfalls Probleme mit näheren Beziehungen abzeichnen, zunehmend zurück und weist Herrn K. auch auf erotisch-sexueller Ebene ab. Über die Sommerferien ist Herr K. aufgrund der fehlenden Strukturen des Arbeitsplatzes sozial sehr isoliert, auch die Therapiestunden fallen während drei Wochen aus. Zeitgleich findet in den Schweizer Medien eine bisher nie dagewesene Hetzkampagne gegen einen Politiker statt, dessen amouröse Verstrickungen von der verschmähten Geliebten publik gemacht worden waren. Herr K., dessen Involvierung in soziale Medien immer zeitraubender und intensiver wird, schaltet sich in die Geschehnisse ein und entwickelt in der Folge die Wahnvorstellung, Mitbetroffener in dieser medialen und politischen Angelegenheit zu sein. Er meint sich zunehmend bedroht von bestimmten Drahtziehern auf höchster Ebene und versucht, über die sozialen Medien seine Bekannten und Freunde zu warnen. Die Therapiestunde sagt er am Donnerstag der Woche, in der die Situation zu eskalieren beginnt, kurzfristig und ungewohnt brüsk per Textnachricht ab. Im Nachhinein schildert er in der Therapie, er habe kaum mehr geschlafen, sei die ganze Zeit am Computer gesessen, habe per Internet die sich überschlagenden Ereignisse in dieser Affäre mitverfolgt und sich immer wieder aktiv in die Diskussionen und Geschehnisse eingeschaltet. Er sei sich immer sicherer geworden, dass hier etwas nicht mit rechten Dingen zugehen könne und er selber auch ein Spielball vermeintlicher Strippenzieher geworden sei. Er ahnt den Weltuntergang voraus und warnt die Außenwelt, nicht nach Draußen zu gehen, da dort Lebensgefahr drohe. Zudem macht er Verbindungen mit religiösen Inhalten, und er sieht das Jüngste Gericht kommen. Von Samstag auf Sonntag randaliert er in seinem Wohnblock und hämmert mitten in der Nacht gegen die Türe einer Nachbarin, die er ebenfalls in das Komplott verwickelt meint. Als die Polizei ausrückt, findet sie jedoch einen relativ gesammelten, sich seiner Ruhestörung bewussten Mann vor, so dass sie die Wohnung von Herrn K. mit einer Verwarnung wieder verlässt. Am Sonntagnachmittag erhält die Therapeutin sowohl auf ihr Praxistelefon als auch auf ihr Handy ein Telefonat der Tante von Herr K. Sie schildert ihre große Besorgnis um sein Wohlergehen: Gemeinsam mit seinen Eltern befinde sie sich in seiner Wohnung, er berichte ihr lachend vom baldigen Weltuntergang, esse nichts mehr, trinke Energy-Drinks und sei sicher, dass gewisse Leute ein Komplott gegen ihn schmieden würden. Als die Therapeutin selber mit ihm am Telefon spricht, erhärtet sich die Annahme, dass Herr K. an einer akuten psychotischen Störung leidet. Er gibt bereitwillig Auskunft und ist sehr freundlich, sieht aber keinen Anlass, seine Wahrnehmungen in Frage zu stellen. Die Therapeutin teilt ihm in der Folge mit, dass sie sich große Sorgen um ihn mache und deshalb den Notfallpsychiater verständigen werde. Herr K. äußert, er habe grundsätzlich nichts dagegen, könne aber heute die Wohnung nicht verlassen, da ihm große Gefahr drohe, wenn er nach draußen gehe. Die Therapeutin hält jedoch daran fest und benachrichtigt den Notfallpsychiater, der Herrn K. einige Stunden später aufsucht. Er legt ihm nahe, freiwillig in eine psychiatrische Institution einzutreten. Als Herr K. sich nicht dazu bereit erklärt, vereinbart er mit ihm zweistündliche Telefonate, um seinen Zustand zu überprüfen. Diese können nicht auf die vereinbarte Weise durchgeführt werden, so dass eine Zwangseinweisung von Herrn K. in die Wege geleitet werden muss. Er wird mit Polizeiaufgebot aus der Wohnung geholt und muss zum Schluss mit Gewalt in den Krankenwagen gebracht werden, da er sich mit Händen und Füßen dagegen wehrt. Auf der Akutstation der psychiatrischen Klinik verstärken sich seine paranoiden Symptome. Er ist sicher, dass seine Gegenspieler diese Unterbringung in die Wege geleitet haben, um ihn mundtot zu machen. Herr K. misstraut sowohl den Ärzten als auch den Pflegern und muss aufgrund seiner signalisierten Gewaltbereitschaft und Rebellion unter Aufgebot mehrerer Pflegekräfte zwangsmediziert werden.

Die Therapeutin telefoniert in diesen Tagen mehrmals mit Herrn K. Ihr gegenüber ist er immer noch auskunftsbereit, sieht sich aber nach wie vor einem Komplott ausgeliefert. Nach einer Woche auf der Akutstation geht es ihm zunehmend besser, so dass er ein Rekursverfahren gegen die Unterbringung einleitet und sich dafür mit einem Anwalt in Verbindung setzt, der ihn bei der Verhandlung vertreten soll. Dieser Anwalt telefoniert vor der Verhandlung mit der Therapeutin und droht ihr unter anderem, Herrn K. zu raten, gegen sie eine Anzeige zu machen, weil sie sich mit den Ärzten in der Psychiatrischen Klinik über den Patienten ausgetauscht habe. Herr K. wird nach der Verhandlung entlassen und meldet sich telefonisch bei der Therapeutin. Er äußert seine Enttäuschung ihr gegenüber und fühlt sich von ihr verraten. Deshalb sei er sich auch nicht sicher, ob er die Therapiestunden bei ihr fortsetzen wolle. Die Therapeutin vertritt bei diesem Telefonat, dass sie ihn unter den gegebenen

Umständen auch ein weiteres Mal in die Klinik einweisen lassen würde und erläutert ihm ihre Beweggründe. Gleichzeitig spricht sie ihr Bedauern darüber aus, dass er den Aufenthalt in der Klinik als belastend erlebte.

Das Fallbeispiel beschreibt eine zu Beginn relativ reibungslos verlaufende Psychotherapie mit Herrn K., der seit zehn Jahren an einer rezidivierenden depressiven Störung leidet. In deren Verlauf kommt es zuerst zu therapeutischen Fortschritten, später jedoch aufgrund mehrerer praktisch zeitgleich auftretender Stressoren zu einer rapiden Verschlechterung des Zustands. Zuerst hofft die Psychotherapeutin noch, dass sie Herrn K. ambulant durch seine Krise begleiten kann. Nachdem Herr K. schließlich in seinem Wohnblock zu randalieren beginnt, wird zwischenzeitlich die Polizei involviert und die Angehörigen machen sich ernsthafte Sorgen. In der Folge führt die Psychotherapeutin ein Telefonat mit Herrn K. und kommt zur Überzeugung, dass die ambulante Psychotherapie bei der vorliegenden akuten Psychose nicht mehr ausreicht. Sie versucht erfolglos, Herrn K. zu einem unmittelbaren freiwilligen Eintritt in eine psychiatrische Klinik zu motivieren.

An diesem Punkt erfolgt dank der richtigen Einschätzung der Psychotherapeutin und dank ihrem Wissen über die zur Verfügung stehenden Möglichkeiten der Wechsel des Behandlungssettings. Sie verständigt den Notfallpsychiater, der eine *unfreiwillige Klinikeinweisung (Unterbringung)*[3] veranlasst. In der Klinik wird Herr K. wegen seiner Gewaltbereitschaft und aufgrund seiner fehlenden Krankheits- und Behandlungseinsicht zwangsmediziert.

10.1 Welche Fragen sich Psychotherapeuten vor einer unfreiwilligen Klinikeinweisung eines Patienten stellen sollten

Die Rolle von Psychotherapeuten bei unfreiwilligen Einweisungen

Im deutschsprachigen Raum sind primär Psychologen und Ärzte psychotherapeutisch tätig. Insbesondere die psychologischen Psychotherapeuten nehmen (nach aktuell geltendem Recht) unfreiwillige Klinikeinweisungen nicht selbst vor, sondern ziehen einen Arzt bei – meistens ein Psychiater. Auch wenn die Entscheidung für die unfreiwillige Einweisung letztlich durch den einweisenden Arzt gefällt wird, so soll sich jeder Psychotherapeut trotzdem vor der Hinzuziehung des Arztes bestimmte Fragen stellen. Die im folgenden Text-

3 Die unfreiwillige Einweisung oder Zwangseinweisung einer Person in eine psychiatrische Klinik wird in Deutschland und Österreich „Unterbringung" und in der Schweiz „Fürsorgerische Unterbringung" genannt. Wo immer im vorliegenden Kapitel der Begriff „Unterbringung" benutzt wird, ist die „Fürsorgerische Unterbringung" mitgemeint.

kasten aufgelisteten Fragen wurden modifiziert aus den medizinethischen Richtlinien der Schweizerischen Akademie der Medizinischen Wissenschaften zum Thema „Zwangsmaßnahmen in der Medizin" übernommen (SAMW, 2015):

Wichtige Fragen vor einer Unterbringung

Fragen hinsichtlich einer allfälligen unfreiwilligen Klinikeinweisung

Problemdefinition:
- Wie äußert sich das Problem?
- Für wen stellt sich die Situation als Problem dar?
- Besteht eine Eigen- und/oder Fremdgefährdung?
- Gibt es behebbare Ursachen, die zur Problemlösung beitragen können?

Ziel:
- Was soll mit einer allfälligen unfreiwilligen Klinikeinweisung erreicht werden?

Eignung:
- Ist die unfreiwillige Klinikeinweisung geeignet, um die angestrebten Ziele zu erreichen?

Erforderlichkeit:
- Erscheint die unfreiwillige Klinikeinweisung im Interesse der betroffenen Person zwingend nötig oder ist sie unverhältnismäßig?

Alternativen:
- Sind alle weniger einschneidenden Maßnahmen bereits erfolglos eingesetzt oder auf ihre Eignung hin überprüft worden?

Präferenzen der betroffenen Person:
- Werden die Präferenzen des betroffenen Patienten so weit wie möglich berücksichtigt?

Bedingungen:
- Sind die gesetzlichen Bedingungen für eine unfreiwillige Klinikeinweisung erfüllt?

Prävention:
- Gibt es Präventionsmaßnahmen, die eine unfreiwillige Klinikeinweisung in Zukunft vermindern könnten?

Beschwerdemöglichkeiten:
- Ist der Patient über seine Rechte informiert worden?

10.2 Zwangsmaßnahmen in der Psychiatrie

Im Laufe der zunehmenden Akzeptanz der informierten Einwilligung während den letzten Jahrzehnten sind *Zwangsmaßnahmen* eines der relevantesten und meistdiskutierten Themen innerhalb der Psychiatrie-Ethik geworden (z. B. Tannsjo, 2004).

Zwangsmaßnahmen im Lichte der Grundrechte

Zwangsmaßnahmen sind immer schwere Eingriffe in die Grundrechte einer Person, die unter anderem durch die Bundesverfassungen Deutschlands, Österreichs und der Schweiz, die Europäische Menschenrechtskonvention[4] und das Übereinkommen über Menschenrechte und Biomedizin des Europarates[5] gewährleistet sind. Zwangsmaßnahmen sind deshalb abgesehen von Ausnahmen in der Rechtsordnung grundsätzlich untersagt.

Formen von Zwangsmaßnahmen

Die in dem eingangs geschilderten Fallbeispiel erfolgte unfreiwillige Klinikeinweisung stellt eine von verschiedenen angewandten medizinischen Zwangsmaßnahmen dar. Andere Formen sind beispielsweise Isolation, Fixation oder Zwangsbehandlung (siehe unten).

Eine Zwangsmaßnahme kann definiert werden als

Definition: Zwangsmaßnahme

> Durchführung einer medizinischen Maßnahme gegen den selbstbestimmten Willen oder den Widerstand eines Patienten: der Wille kann als aktuelle Willensäußerung des urteilsfähigen Patienten oder als vorausverfügter oder mutmaßlicher Wille des zum Zeitpunkt der Durchführung der Maßnahme urteilsunfähigen Patienten erkennbar sein; der Widerstand kann durch verbale oder nonverbale Ablehnung oder durch aktive Abwehr zum Ausdruck kommen. (SAMW, 2015, S. 43)

Damit sind Zwangsmaßnahmen immer eine Form von *starkem Paternalismus* seitens der Person, die den Zwang anwendet (siehe Kasten zu Paternalismus auf Seite 100). Mit einer Zwangsmaßnahme wird zudem immer einer oder mehrere der folgenden drei Zwecke verfolgt:

Zweck von Zwangsmaßnahmen

1. Schutz von unbeteiligten Drittpersonen (Fremdgefährdung),
2. Schutz des Patienten vor ernsthafter Eigengefährdung,
3. Behandlung einer Krankheit oder Störung.

Der höchste Grad an Zwang stellt die „Durchführung einer Maßnahme gegen die verbale Ablehnung oder den physischen Widerstand bei Kenntnis einer ablehnenden, im Stande der Urteilsfähigkeit getroffenen Willensentscheidung" (SAMW, 2015, S. 33) dar. Zulässig ist eine solche nur zur Freiheitseinschränkung bei einer behördlichen Anordnung auf einer gesetzlichen Grundlage oder im Rahmen der Unterbringung im Sinne einer unfreiwilligen Klinikeinweisung.

---

4 Art. 5 der Europäischen Konvention zum Schutz der Menschenrechte und Grundfreiheiten vom 4. November 1950

5 Art. 5 bis 9 des Übereinkommens von 1997 zum Schutz der Menschenrechte und der Menschenwürde im Hinblick auf die Anwendung von Biologie und Medizin

Paternalismus

Der (bedingungslose) Respekt des Patienten vor der ärztlichen Autorität war bis Mitte des 20. Jahrhunderts eine Grundvoraussetzung, um in den „Genuss des Privilegs" einer medizinischen Behandlung zu kommen. Begründet wurde diese ärztliche Autorität vornehmlich mit dem ethischen Prinzip des Patientenschutzes. Patienten sollten vor den negativen Auswirkungen von zu viel Wissen über die eigene Erkrankung bewahrt werden. Eine solche autoritäre Grundeinstellung von Fachpersonen stellt das ethische Prinzip des Respekts vor der Selbstbestimmung in den Hintergrund und entspricht einer paternalistischen Haltung.

Definition: Paternalismus

Paternalismus wird als eine Haltung oder ein Verhalten definiert, bei dem die Autonomie einer Person mit der Begründung eingeschränkt wird, dass es der Person damit entweder bessergehe oder ein Schaden abgewendet werden könne – eventuell sogar gegen deren erklärten Willen.

Schwacher versus starker Paternalismus

Es wird zwischen schwachem und starkem Paternalismus unterschieden. Bei der Anwendung von *schwachem Paternalismus* wird eine Person *berechtigterweise* davor bewahrt, sich selbst zu schaden. Dies ist dann der Fall, wenn die Handlung der Person zu einem substanziellen Teil unfreiwillig ist oder wenn zumindest keine Hinweise für das Gegenteil vorliegen. Von *starkem Paternalismus* wird hingegen gesprochen, wenn eine Person *gegen ihren Willen* an Handlungen oder Entscheidungen gehindert wird, die – in den Augen der paternalistisch eingreifenden Person – einen Schaden verursachen würden. In beiden Fällen ist die Begründung paternalistischen Verhaltens üblicherweise die Verhinderung von Schaden oder die Sicherstellung von (klinischem) Nutzen für die Person, deren Autonomie eingeschränkt oder missachtet wird. Da damit jede Form des Paternalismus eine Verletzung des moralischen Prinzips des Respekts vor der Autonomie beinhaltet, müssen entsprechende Handlungen mit guten ethischen Gründen gerechtfertigt werden.

10.3 Formen von Zwangsmaßnahmen in der Medizin

Unterbringung

Eine Form von Zwangsmaßnahmen ist die oben bereits mehrfach angesprochene Unterbringung. Definitionsgemäß liegt eine *Unterbringung* dann vor, wenn eine Person zur Behandlung oder Betreuung gegen ihren Willen in eine geeignete Institution eingewiesen wird.

In Deutschland wird die Unterbringung im Rahmen einer Eigen- oder Fremdgefährdung durch die Psychisch-Kranken-Gesetze (PsychKG) beziehungsweise die Landesunterbringungsgesetze (UBG) der Bundesländer gesetzlich geregelt. In der Schweiz ist die fürsorgerische Unterbringung (FU) im Erwachsenschutzrecht geregelt. Voraussetzung dafür, damit eine FU angeordnet werden kann, ist das Vorliegen eines Schwächezustands (psychische Störung, geistige Behinderung oder schwere Verwahrlosung), in dessen Rahmen die erforderliche Behandlung oder Betreuung nicht anders als mittels einer FU in einer geeigneten Einrichtung erfolgen kann. Das Vorliegen einer akuten Eigen- oder Fremdgefährdung ist nicht nötig. In Österreich regelt das Bundesgesetz über die Unterbringung psychisch Kranker in Krankenanstalten (Unterbringungsgesetz, UbG) die Unterbringung.

Zentral ist, dass der Unterbringung in den deutschsprachigen Ländern primär der Gedanke der Gefahrenabwendung zugrunde liegt und dass eine solche mutmaßliche Gefahr durch die reine Unterbringung meistens bereits abgewendet werden kann. Nur in seltenen Fällen ist zur Abwendung der Gefahr deshalb auch eine Zwangsbehandlung notwendig.

Freiheitseinschränkende Maßnahmen

„Unter dem Begriff Freiheitseinschränkung werden Einschränkung der Bewegungsfreiheit sowie anderer Grundrechte verstanden" (SAMW, 2015, S. 8). Freiheitseinschränkende Maßnahmen werden primär dann eingesetzt, wenn eine Eigengefährdung nicht anders verhindert werden kann, seltener aber auch zur Abwendung einer Fremdgefährdung oder bei schweren Störungen des Gemeinschaftslebens.

Einschränkung der Bewegungsfreiheit und der Privatsphäre

Eine Form freiheitseinschränkender Maßnahmen ist die *Einschränkung der Bewegungsfreiheit*. Nach der Definition der SAMW (2015) wird unter diesem Begriff

> jegliche Einschränkung der individuellen Bewegungsfreiheit verstanden. Die Einschränkung kann mit mechanischen Methoden, Medikamenten, aber auch mit psychologischen Mitteln erfolgen. [...] Neben Einschränkungen der Bewegungsfreiheit gibt es weitere Einschränkungen der persönlichen Freiheit, namentlich die *Einschränkungen der Privatsphäre* (z. B. die ständige [elektronische] Überwachung, individuelle Einschränkungen von als schädlich betrachteten Genussmitteln wie Alkohol, Zigaretten, Süßigkeiten) oder der Kommunikationsfreiheit. (S. 9; kursive Hervorhebung durch die Autoren)

Zwangsbehandlung

„Unter Zwangsbehandlung werden alle medizinischen Maßnahmen verstanden, die zur Erhaltung oder zur Wiederherstellung der Gesundheit unter Zwang angewendet werden" (SAMW, 2015, S. 9). Unter diese Kategorie fällt beispielsweise die in dem Fallbeispiel zur Anwendung gelangte Zwangsmedikation.

Rolle der Einwilligungsfähigkeit bei Zwangsbehandlungen

Aus rechtlicher Sicht ist bei Zwangsbehandlungen relevant, ob der Patient zum Zeitpunkt des Entscheids hinsichtlich seiner Krankheit und deren konkreter therapeutischer Behandlung einwilligungsfähig respektive urteilsfähig ist oder nicht (siehe Kasten zum Konzept der Einwilligungsfähigkeit auf den Seiten 14 bis 15). Obwohl die Gesetze zwischen den Ländern und Bundesländern teilweise stark variieren, ist die Medikation einer *einwilligungsfähigen* Person unter Anwendung von Zwang in den meisten Bundesländern sowie in Österreich und der Schweiz unter keinen Umständen zulässig, auch nicht bei untergebrachten Patienten. Bei einwilligungs*un*fähigen Personen ist eine Zwangsbehandlung dann zulässig, wenn sie dem Verhältnismäßigkeitsprinzip genügt.

Verhältnismäßigkeitsprinzip

Die Anordnung einer Zwangsbehandlung nach dem *Verhältnismäßigkeitsprinzip* bedeutet, dass im Vorfeld genau geprüft werden muss, ob der Einsatz derselben notwendig und geeignet ist, um die Krankheit zu behandeln und damit die in diesem Rahmen bestehende Eigen- oder Fremdgefährdung abzuwenden. Zudem müssen andere, weniger einschneidende Maßnahmen vorab geprüft werden (Prävention). Das Verhältnismäßigkeitsprinzip gilt selbstverständlich auch bei allen Arten von freiheitseinschränkenden Maßnahmen. Nach Berghmans (2012) ist die Überprüfung der Verhältnismäßigkeit bei Zwangsbehandlungen noch wichtiger als bei einer freiheitseinschränkenden Maßnahme: Grob gesagt, steht die psychische und körperliche Integrität von Patienten im Fall von Zwangsbehandlungen noch stärker auf dem Spiel als bei der Anwendung von freiheitseinschränkenden Maßnahmen, die zum Schutz des Patienten angewandt werden.

10.4 Ethische Einordnung psychiatrischer Zwangsmaßnahmen

Ethische Reflexion bei jeder Zwangsmaßnahme

Bei der Entscheidung, ob bei einem bestimmten Patienten eine Zwangsmaßnahme angewendet werden muss, reicht es nicht, wenn sich die Fachperson an prozedurale Richtlinien hält. Zur Rechtfertigung einer Zwangsmaßnahme bedarf es neben der genauen Befolgung der gesetzlichen Anforderungen und der geltenden Richtlinien in jedem individuellen Fall einer sorgfältigen *ethischen Reflexion*.

Klassische moralische Konflikte bei Zwangsmaßnahmen

Bei der ethischen Reflexion hinsichtlich Zwangsmaßnahmen stößt man als Fachperson oft auf einen klassischen moralischen Konflikt der Medizinethik, den Konflikt zwischen dem Prinzip des Respekts vor der Patientenautonomie und den Prinzipien des Nichtschadens sowie der Fürsorge, zwischen denen in jedem individuellen Fall eine ethische Güterabwägung vorgenommen werden muss (für eine Einführung in die Grundprinzipien der biomedizinischen Ethik siehe den Kasten auf den Seiten 10 bis 11). In liberalen Gesellschaften sind wir dazu verpflichtet, die Freiheiten von Individuen zu respektieren, solange sie Dritten keinen Schaden zufügen (Berghmans, 2012). Die World Psychiatric Association (WPA, 2002) hat diesen Konflikt in der *Madrid Declaration on Ethical Standards for Psychiatric Practice* wie folgt zusammengefasst: Keine Behandlung sollte gegen den Willen eines Patienten durchgeführt werden außer der Verzicht der Behandlung würde das Leben des Patienten oder das Leben Dritter gefährden.

Das Recht auf Selbstbestimmung

Das verfassungsrechtlich garantierte Recht und ethische Prinzip der Selbstbestimmung ist das hervorstechende Leitprinzip medizinischer Ethik in den westlichen Gesellschaften Nordamerikas und Europas. Auch global gesehen wird das Prinzip der Selbstbestimmung zunehmend wichtiger: Für Personen mit chronischen psychischen Störungen gilt das Übereinkommen der Vereinten Nationen über die Rechte von Menschen mit Behinderungen (UN Convention on the Rights of Persons with Disabilities, UN-CRPD, 2006). Darin wird die Allgemeine Erklärung der Menschenrechte der Vereinten Nationen von 1948 und weiterer Menschenrechtspakte für diese Personengruppe konkretisiert. Artikel 12 der UN-CRPD enthält, dass Menschen mit Behinderungen überall als Rechtssubjekt anerkannt werden sollen und gleichberechtigt mit anderen Rechts- und Handlungsfähigkeit besitzen. Die UN-CRPD betont grundsätzlich das Recht auf Selbstbestimmung; sie macht jedoch nicht geltend, dass die Selbstbestimmungsfähigkeit jederzeit vorliege. Damit lässt die UN-CRPD es grundsätzlich offen, dass das Selbstbestimmungsrecht eingeschränkt wird, wenn dafür gute Gründe vorliegen. Diese Einschränkung soll jedoch verhältnismäßig, individuell zugeschnitten sowie von möglichst kurzer Dauer sein.

Die Pflicht zur Fürsorge bei Eigen- oder Fremdgefährdung

Bei der Durchführung von Zwangsmaßnahmen in Ausnahmesituationen der Eigen- oder Fremdgefährdung wird die Selbstbestimmung eingeschränkt. Das Fürsorge- und das Nichtschadensprinzip, denen sich medizinische Fachpersonen kraft ihres Berufes besonders verpflichtet fühlen, wiegen in dieser Situation schwerer. Im Dienste der moralischen Pflichten zur Fürsorge und Schadensvermeidung handeln Fachpersonen somit paternalistisch (siehe Kasten zu Paternalismus auf Seite 100). Trotz Priorisierung der Fürsorge und Schadensvermeidung in Einzelfällen bleibt in solchen Situationen ein moralisches Spannungsverhältnis bestehen, das nach einer besonderen Sensibilität seitens der Fachpersonen verlangt.

Potenzielle Schädigung bei Zwangsmaßnahmen

Trotz des Grundgedankens, dass Patienten durch Zwangsmaßnahmen vor Eigen- und/oder Fremdschädigung geschützt werden sollen, heißt dies nicht, dass durch deren Anwendung kein Schaden entsteht. Es gibt zahlreiche empirische Studien (z. B. Widdershoven & Berghmans, 2007) die darauf hinweisen, dass Zwangsmaßnahmen durchaus eine schädigende Wirkung auf Patienten haben können: „Nobody likes to be in a seclusion room, tied or knocked out by sedatives. Coercive interventions may be experienced as traumatic and as an attack on identity" (Widdershoven & Berghmans 2007, S. 560). Andere empirische Studien zeigen hingegen auch, dass viele Patienten in stationärer psychiatrischer Behandlung die Notwendigkeit von Zwangsmaßnahmen anerkennen, wenn diese mit dem Zweck angewandt werden, Schaden zu verhindern (z.B. Wallsten, Ostman, Sjöberg & Kjellin, 2008). Allerdings ist die Studienlage zu den langfristigen Auswirkungen von Zwangsmaßnahmen dünn.

In der Überlegung zwischen der Inkaufnahme eines mutmaßlich geringeren Schadens durch eine Zwangsmaßnahme und eines größeren Schadens durch Selbst- oder Fremdgefährdung bei der Respektierung der Patientenselbstbestimmung liegt eine besondere ethische Herausforderung. Umso mehr muss die ethische Güterabwägung in jedem einzelnen Fall unter Berücksichtigung von Patientenpräferenzen, weiterer Patientenmerkmale und Kontextfaktoren von neuem vorgenommen werden.

10.5 Vom Überzeugen zum Zwang

Kontinuum von Überzeugen zu Zwang

Hilfreich für die eigene Reflexion hinsichtlich der moralischen Güterabwägung und der Angemessenheit einer Zwangsmaßnahme in einer bestimmten Situation ist das Bewusstsein, dass sich Zwangsmaßnahmen am Ende des Kontinuums vom Überzeugen eines Patienten zum Zwang befinden, wobei die Handlungsfreiheit des Patienten mit jeder Stufe abnimmt. Berghmans (2012) unterscheidet auf dieser Skala fünf Stufen und zeigt damit, dass Zwang die *ultima ratio* darstellt, nachdem zuvor alle anderen Stufen zu keinem Ergebnis geführt haben. Basierend auf Berghmans (2012) werden folgende fünf vorliegend modifizierten Stufen vom Überzeugen eines Patienten zu Zwangsmaßnahmen beschrieben:

1. *Überzeugung:* Argumente für oder gegen ein bestimmtes Verhalten oder eine bestimmte Behandlungsform werden mit dem Patienten zusammen diskutiert.
2. *Überredung:* Der Patient wird durch Beeinflussung möglichst „dazu gebracht“, sich auf eine bestimmte Art zu verhalten.
3. *Anreiz/Belohnung:* Dem Patienten werden als Gegenleistung dafür, dass er sich auf eine bestimmte Art verhält, Anreize gegeben respektive Belohnungen angeboten (z.B. Zigaretten, wenn der Patient die verordneten Medikamente nimmt).
4. *Androhung von Zwang:* Dem Patienten wird angedroht, dass Zwang angewendet werde, falls er sich nicht auf eine bestimmte Art verhält (z.B. „Sie nehmen jetzt die verordneten Medikamente oder wir werden sie Ihnen verabreichen müssen“). Viele Ethiker sind der Auffassung, dass bereits die Androhung von Zwang eine Form von Zwang ist.
5. *Zwangsmaßnahme:* Siehe Definition im Kapitel 10.2.

10.6 Reprise des Falls

Die Unterbringung von Herrn K. erfolgte zwar durch den beigezogenen Notfallpsychiater und nicht direkt durch die behandelnde Psychotherapeutin. Trotzdem trug sie die Verantwortung für die Verständigung des Notfallpsychiaters, schätzte die Lage richtig ein und trug deshalb einen großen Teil dazu bei, dass Herr K. schließlich hospitalisiert wurde.

Das Fallbeispiel illustriert die wichtige Rolle von ambulant tätigen Psychotherapeuten an der Schnittstelle zur stationären Versorgung. Das Fallbeispiel zeigt zudem, dass nicht nur ärztliche Psychotherapeuten, sondern auch psychologische Psychotherapeuten neben der Fähigkeit zur Einschätzung von Eigen- und Fremdgefährdung bei Patienten auch die rechtlichen und insbesondere die ethischen Grundlagen für eine unfreiwillige Klinikeinweisung und andere psychiatrische Zwangsmaßnahmen kennen müssen. Dies gilt umso mehr für stationär tätige Psychotherapeuten, die praktisch täglich mit unfreiwilligen Einweisungen und oft auch mit anderen Formen von Zwangsmaßnahmen wie bewegungseinschränkende Maßnahmen oder Zwangsbehandlungen in Berührung kommen.

11 Fazit

In der Vorbereitung für dieses Buch kam es wiederholt zu einer anfangs unerwarteten, im weiteren Verlauf dann interessanten und herausfordernden Reaktion der befragten Psychotherapeutinnen und Psychotherapeuten zur Relevanz und Bedeutung der Ethik für die Psychotherapie. Dabei wurde einerseits meist die große Wichtigkeit eines ethischen Vorgehens im klinischen Alltag betont (und mit abschreckenden Beispielen bekräftigt), anderseits aber die Dringlichkeit dieses Thema für die Psychotherapie als eher gering eingeschätzt, da die Psychotherapie ja sowieso „ethisch" sei und „unethisches" Verhalten als solches eindeutig identifizierbar sei. Geht die Relevanz einer Berufsethik in der Psychotherapie zwischen den Polen von einerseits krassen – und in der Regel dann auch juristisch belangbaren – Vergehen und anderseits der Annahme einer weitgehenden ethischen Irrelevanz verloren?

Das vorliegende Buch hat zum Ziel, unterschiedliche klinische Sachverhalte aus einer ethischen Perspektive zu betrachten und zu beurteilen. Dabei wird nicht nur deutlich, dass die Ethik wichtige Beiträge leisten kann, sondern dass viele Fragen und Probleme im klinischen Alltag vor allem oder sogar nur ethisch beantwortet oder gelöst werden können. Der Einbezug der Ethik ist dabei nicht nur hilfreich, sondern verdeutlicht, dass diese neben der persönlichen Expertise und der wissenschaftlichen Empirie als Grundpfeiler der Psychotherapie in Praxis und Theorie anzusehen ist. Entsprechend ist die Kenntnis und Einhaltung moralisch-ethischer Verpflichtungen nicht zu trennen von der persönlichen Expertise und der wissenschaftlichen Fundierung von Psychotherapie und in der Aus-, Weiter- und Fortbildung entsprechend zu berücksichtigen.

Betrachtet man die Vielzahl klinischer Sachverhalte und psychotherapeutischer Situationen, in denen die Reflexion und Berücksichtigung ethischer Prinzipien und Überlegungen problemlösend, sinnvoll und sogar notwendig sind, dann wird deutlich, dass die Ethik in der Psychotherapie und der Behandlung von Personen mit psychischen Störungen und Problemen nicht erst dann anfängt, wenn das Verhalten von Patientinnen, Patienten, Psychotherapeutinnen und Psychotherapeuten in einen strafrechtlich relevanten Bereich abdriftet. Vielmehr basiert das richtige, angemessene und nachhaltige Vorgehen und Entscheiden in der Psychotherapie nicht nur auf fachlicher Expertise und empirischer Wissenschaft, sondern auch auf Ethik. Letztere ist damit nicht nur relevant, wenn es um Fehlverhalten geht, sondern integraler Bestandteil der klinischen Theorie und Praxis. Letztlich behandelt die

Psychotherapie nicht nur Symptome, sondern Personen in ihrem sozialen Umfeld.

Bezüglich ethischer Themen besteht sicherlich nicht nur weiterer Bedarf in der Aus-, Weiter- und Fortbildung, sondern auch und vor allem ein Bedarf an engagierter Diskussion in Praxis und Forschung. Wir hoffen, hierfür mit dem vorliegenden Buch einen Beitrag geleistet zu haben.

12 Weiterführende Literatur

Keith-Spiegel, P. (2014). *Red flags in psychotherapy. Stories of ethics complaints and resolutions.* New York: Routledge.

Koocher, G. P. (2016). *Ethics in psychology and the mental health professions. Standards and cases* (4th ed.). Oxford: Oxford University Press.

Pope, K. S. & Vasquez, M. J. T. (2010). *Ethics in Psychotherapy and Counseling: A Practical Guide* (4th ed.). New York, NY: Wiley.

Sadler, J. Z., Van Staden, W. & Fulford, K. W. M. (Eds.). (2015). *Oxford Handbook of Psychiatric Ethics.* Oxford: Oxford University Press.

Welfel, E. R. (2013). *Ethics in Counseling and Psychotherapy* (5th ed.). Boston, MA: Brooks/Cole.

13 Literatur

American Psychological Association (APA). (2002). *Ethical principles of psychologists and code of conduct*. Washington, DC: APA.

Arras, J. D. (2007). The way we reason now: reflective equilibrium in bioethics. In B. Steinbock (Ed.), *The Oxford Handbook of Bioethics* (pp. 46–71). Oxford: Oxford University Press.

Bates, C. M. & Brodsky, A. M. (1989). *Sex in the therapy hour: A case of professional incest.* New York, NY: Guilford Press.

Beauchamp, T. & Childress, J. (2013). *Principles of Biomedical Ethics* (7th ed.). Oxford: Oxford University Press.

Behnsen, E., Bell, K., Best, D., Gerlach, H., Schirmer, H.-D. & Schmid, R. (2000). *Management-Handbuch für die psychotherapeutische Praxis*. Heidelberg: Decker.

Bentham, J. (1780/1907). *An introduction to the principles of morals and legislation. Reprint of the 1823 edition*. First printed in 1780. Oxford: Clarendon Press.

Berghmans, R. (2012). Psychiatry, coercive treatment. In R. Chadwick (Ed.), *Encyclopedia of advanced ethics* (pp. 658–666). Amsterdam: Elsevier.

Bien, G. (Hrsg.). (1985). *Aristoteles Nikomachische Ethik* (Philosophische Bibliothek, Bd.5; 4. Aufl.). Hamburg: Meiner.

Biller-Andorno, N., Neitzke, G., Frewer, A. & Wiesemann, C. (2003). Lehrziele „Medizinethik im Medizinstudium". *Ethik in der Medizin, 15,* 117–121. http://doi.org/10.1007/s00481-003-0224-7

Blease, C., Trachsel, M. & grosse Holtforth, M. (2016). Paternalismus und Placebos: Die Herausforderung der ethischen Aufklärung in der Psychotherapie. *Verhaltenstherapie, 26,* 22–30. http://doi.org/10.1159/000442928

Broden, M. S. & Agresti, A. A. (1998). Responding to therapists' sexual abuse of adult incest survivors: Ethical and legal considerations. *Psychotherapy, 35,* 96–104. http://doi.org/10.1037/h0087812

Candilis, P. J. (2002, December 1). Distinguishing law and ethics: a challenge for the modern practitioner. *Psychiatric Times.* Retrieved from http://www.psychiatrictimes.com/career/distinguishing-law-and-ethics-challenge-modern-practitioner

Carvalho, C., Caetano, J. M., Cunha, L., Rebouta, P., Kaptchuk, T. J. & Kirsch, I. (2016). Open-label placebo treatment in chronic low back pain: A randomized controlled trial. *Pain, 157,* 2766–2772. http://doi.org/10.1097/j.pain.0000000000000700

Cuijpers, P., Turner, E. H., Mohr, D. C., Hofmann, S. G., Andersson, G., Berking, M. & Coyne, J. (2014). Comparison of psychotherapies for adult depression to pill placebo control groups: A meta-analysis. *Psychological Medicine, 44,* 685–695. http://doi.org/10.1017/S0033291713000457

Daniels, N. (2016). Reflective Equilibrium. In E. N. Zalta (Ed.), *The Stanford Encyclopedia of Philosophy* (June 19, 2016 ed.). Retrieved 2016, August 2, from https://plato.stanford.edu/entries/reflective-equilibrium/

Desharnais, R., Jobin, J., Côté, C., Lévesque, L. & Godin, G. (1993). Aerobic exercise and the placebo effect: A controlled study. *Psychosomatic Medicine, 55,* 149–154.

Deutsche Bundespsychotherapeutenkammer (BPtK). (2007). *Muster-Berufsordnung für die Psychologischen Psychotherapeutinnen und Psychotherapeuten und Kinder- und Jugendlichenpsychotherapeutinnen und Kinder- und Jugendlichenpsychotherapeuten.* Berlin: BPtK.

Deutsche Gesellschaft für Psychologie (DGPs) und Berufsverband Deutsche Psychologinnen und Psychologen (BDP). (2005). *Berufsethische Richtlinien.* Zugriff am 8. Oktober 2016. Verfügbar unter http://www.bdp-verband.org/bdp/verband/ethik.shtml

Drake, R.E., Cimpean, D. & Torrey, W.C. (2009). Shared decision making in mental health: prospects for personalized medicine. *Dialogues in Clinical Neurosciences, 11* (4), 455–463.

Dsubanko-Obermayr, K. & Baumann, U. (2010). Informed consent in psychotherapy: Demands and reality. *Psychotherapy Research, 8* (3), 231–247.

European Federation of Psychologists' Associations (EFPA). (2005). *Meta Code of Ethics.* Brüssel: EFPA. Retrieved 2016, October 8, from http://www.efpa.eu/ethics/meta-code-of-ethics-

Fisher, C.B. & Oransky, M. (2008). Informed consent to psychotherapy: protecting the dignity and respecting the autonomy of patients. *Journal of Clinical Psychology, 64* (5), 576–588.

Föderation der Schweizer Psychologinnen und Psychologen (FSP). (2011). *Berufsordnung.* Bern: FSP. Zugriff am 8. Oktober 2016. Verfügbar unter https://www.psychologie.ch/politik-recht/berufsethik/berufsordnung-der-fsp/

Fowers, B.J. & Richardson, F.C. (1996). Why is multiculturalism good? *American Psychologist, 51,* 609–621.

Franklin, B., Majault, M.-J., Le Roy, J.B., Sallin, J.-C.H., Bailly, J.-S., D'Arcet, J., De Bory, G. et al. (1784/2002). Report of the commissioners charged by the king with the examination of animal magnetism. *International Journal of Clinical and Experimental Hypnosis, 50* (4), 332–363.

Frost, N.D., Laska, K.M. & Wampold, B.E. (2014). The evidence for present-centered therapy as a treatment for posttraumatic stress disorder. *Journal of Traumatic Stress, 27,* 1–8. http://doi.org/10.1002/jts.21881

Gaab, J., Blease, C., Locher, C. & Gerger, H. (2016). Go open: a plea for transparency in psychotherapy. *Psychology of Consciousness: Theory, Research, and Practice, 3* (2), 175–198.

Gartrell, N., Herman, J., Olarte, S., Feldstein, M. & Localio, R. (1989). Prevalence of psychiatrist-patient sexual contact. In G.O. Gabbard (Ed.), *Sexual exploitation in professional relationships* (pp. 4–13). Washington, DC: American Psychiatric Press.

Genkova, P. (2003). Individualismus/Kollektivismus. In P. Genkova (Hrsg.), *Kulturvergleichende Psychologie. Ein Forschungsleitfaden* (S. 141–171). Berlin: Springer.

Giovazolias, T. & Davis, P. (2001). How common is sexual attraction towards clients? The experiences of sexual attraction of counselling psychologists toward their clients and its impact on the therapeutic process. *Counseling Psychology Quarterly, 14,* 281–286.

Grisso, T. & Appelbaum, P.S. (1998). *Assessing competence to consent to treatment: A guide for physicians and other health professionals.* New York: Oxford University Press.

grosse Holtforth, M. & Krieger, T. (2014). Expositionsbasierte kognitive Therapie bei Depressionen. *Nervenheilkunde, 33* (4), 352–358.

Grünbaum, A. (1981). The placebo concept. *Behaviour Research and Therapy, 19,* 157–167. http://doi.org/10.1016/0005-7967(81)90040-1

Habermas, J. (1983). Ziviler Ungehorsam – Testfall für den demokratischen Rechtsstaat. In P. Glotz (Hrsg.), *Ziviler Ungehorsam im Rechtsstaat* (S. 29–53). Frankfurt: Suhrkamp.

Hart, H.L.A. (1961). *The concept of law*. Oxford, England: Oxford University Press.
Held, V. (2005). Ethics of care. In D. Copp (Ed.), *The Oxford Handbook of Ethical Theory* (pp. 537–566). Oxford, NY: Oxford University Press.
Hermann, H., Trachsel, M. & Biller-Andorno, N. (2015). Physicians' personal values in determining medical decision-making capacity: A survey study. *Journal of Medical Ethics, 41* (9), 739–744. http://doi.org/10.1136/medethics-2014-102263
Hermann, H., Trachsel, M. & Biller-Andorno, N. (2016). Einwilligungsfähigkeit: Inhärente Fähigkeit oder ethisches Urteil? *Ethik in der Medizin, 28* (2), 107–120. http://doi.org/10.1007/s00481-015-0360-x
Hermann, H., Trachsel, M., Elger, B.S. & Biller-Andorno, N. (2016). Emotion and value in the evaluation of medical decision-making capacity: A narrative review of arguments. *Frontiers in Psychology, 7*, 765. http://doi.org/10.3389/fpsyg.2016.00765
Hofstede, G. (2001). *Culture's consequences. Comparing values, behaviors, institutions, and organizations across nations* (2nd ed.). Thousand Oaks, CA: Sage.
Holroyd, J.C. & Brodsky, A.M. (1977). Psychologists' attitudes and practices regarding erotic and nonerotic physical contact with patients. *American Psychologist, 32*, 843–849. http://doi.org/10.1037/0003-066X.32.10.843
Holroyd, J.C. & Brodsky, A.M. (1980). Does touching patients lead to sexual intercourse? *Professional Psychology, 11*, 807–811. http://doi.org/10.1037/0735-7028.11.5.807
Holub, E.A. & Lee, S.S. (1990). Therapists' use of nonerotic physical contact: Ethical concerns. *Professional Psychology, Research and Practice, 21*, 115–117. http://doi.org/10.1037/0735-7028.21.2.115
Horton, J.A., Clance, P.R., Strek-Elifson, C. & Emshoff, J. (1995). Touch in psychotherapy: A survey of patients' experiences. *Psychotherapy: Theory/Research/Practice/Training, 32*, 443–457.
Horvath, A.O., Del Re, A.C., Flückiger, C. & Symonds, D. (2008). Alliance in individual psychotherapy. *Psychotherapy, 48* (1), 9–16. http://doi.org/10.1037/a0022186
Jensen, K. & Kelley, J.M. (2016). The therapeutic relationship in psychological and physical treatments, and their placebo controls. *Psychology of Consciousness: Theory, Research, and Practice, 3* (2), 132–145. http://doi.org/10.1037/cns0000057
Kant, I. (1781). Grundlegung zur Metaphysik der Sitten. In *Kants Werke. Akademie Textausgabe Bd. 4* (Nachdruck 1968). Berlin: de Gruyter.
Keith-Spiegel, P. (2014). *Red flags in psychotherapy. Stories of ethics complaints and resolutions*. New York: Routledge.
Kim, S., Wollburg, E. & Roth, W.T. (2012). Opposing breathing therapies for panic disorder: A randomized controlled trial of lowering vs raising end-tidal P(CO2). *Journal of Clinical Psychiatry, 73*, 931–939. http://doi.org/10.4088/JCP.11m07068
Kindler, H., Lillig, S., Blüml, H., Meysen, T. & Werner, A. (2006). (Hrsg.), *Handbuch Kindeswohlgefährdung nach §1666 BGB und Allgemeiner Sozialer Dienst (ASD)*. München: Deutsches Jugendinstitut e.V.
Kirsch, I., Wampold, B. & Kelley, J. (2016). Controlling for the placebo effect in psychotherapy: Noble quest or tilting at windmills? *Psychology of Consciousness: Theory, Research, and Practice, 3* (2), 121–131. http://doi.org/10.1037/cns0000065
Koocher, G.P. & Keith-Spiegel, P. (2016). *Ethics in psychology and the mental health professions. Standards and cases* (4th ed.). Oxford: Oxford University Press.
La Roche, M.J. & Maxie, A. (2003). Ten considerations in addressing cultural differences in psychotherapy. *Professional Psychology, 34*, 180–186. http://doi.org/10.1037/0735-7028.34.2.180

Lersner, U. von & Kizilhan, J.I. (2017). *Kultursensitive Psychotherapie*. Göttingen: Hogrefe. http://doi.org/10.1026/02755-000

Lo, B. & Field, M.J. (Eds.). (2009). *Conflict of interest in medical research, education, and practice*. Washington, DC: National Academies Press.

Locher, C., Hasler, S. & Gaab, J. (2016). When do psychotherapeutic placebos work? A critical review on the example of systematic desensitization. *Verhaltenstherapie, 26,* 1–12.

McCoy, M.S. & Emanuel, E.J. (2017). Why there are no „potential" conflicts of interest. *JAMA, 317* (17), 1721–1722.

Medau, I., Jox, R.J., Dittmann, V. & Reiter-Theil, S. (2012). Eine Pilotstudie zum Umgang mit Fehlern in der Psychotherapie – Therapeuten berichten aus der Praxis. *Psychiatrische Praxis, 39,* 326–331. http://doi.org/10.1055/s-0032-1305192

Medau, I., Jox, R.J. & Reiter-Theil, S. (2014). Behandlungsfehler in der Psychotherapie: ein empirischer Beitrag zum Fehlerbegriff und seinen ethischen Aspekten. *Ethik in der Medizin, 26,* 3–18. http://doi.org/10.1007/s00481-012-0231-7

Moerman, D.E. & Jonas, W.B. (2002). Deconstructing the placebo effect and finding the meaning response. *Annals of Internal Medicine, 136,* 471–476. http://doi.org/10.7326/0003-4819-136-6-200203190-00011

Österreichisches Bundesministerium für Gesundheit und Frauen (2012). *Berufskodex für Psychotherapeutinnen und Psychotherapeuten*. Wien: Bundesministeriums für Gesundheit und Frauen. Verfügbar unter https://www.bmgf.gv.at/cms/home/attachments/7/0/5/CH1002/CMS1415709133783/berufskodex_psychotherapie.pdf (Fassung 2017)

Pope, K.S. (1993). Licensing disciplinary actions for psychologists who have been sexually involved with a client: Some information about offenders. *Professional Psychology: Research and Practice, 24,* 374–377. http://doi.org/10.1037/0735-7028.24.3.374

Pope, K.S. (1994). *Sexual involvement with therapists: Patient assessment, subsequent therapy, forensics*. Washington, DC: American Psychological Association. http://doi.org/10.1037/10154-000

Pope, K.S., Keith-Spiegel, P. & Tabachnick, B.G. (1986). Sexual attraction to clients: The human therapist and the (sometimes) inhuman training system. *American Psychologist, 34,* 682–689.

Pope, K.S. & Vasquez, M.J.T. (2010). *Ethics in Psychotherapy and Counseling: A Practical Guide* (4th ed.). New York, NY: Wiley.

Pope, K.S. & Vetter, V.A. (1991). Prior therapist-patient sexual involvement among patients seen by psychologists. *Psychotherapy, 28,* 429–438. http://doi.org/10.1037/0033-3204.28.3.429

Popper, K.R. (1992). *Die offene Gesellschaft und ihre Feinde. Bd. 1* (7. Aufl.). Tübingen: Mohr.

Rabenschlag, F., Steinauer, R., Heimann, R. & Reiter-Theil, S. (2014). Pilotstudie: Wahrnehmung ethischer Aspekte in der psychiatrischen Patientenversorgung. *Psychiatrische Praxis, 41,* 376–378. http://doi.org/10.1055/s-0034-1370210

Rashed, M.A. (2015). Islamic perspectives on psychiatric ethics. In J.Z. Sadler, W.C.W. Van Staden & K.W.M. Fulford (Eds.), *The Oxford Handbook of Psychiatric Ethics* (pp. 495–519). Oxford: Oxford University Press.

Rauprich, O. (2005). Prinzipienethik in der Biomedizin – Zur Einführung. In O. Rauprich & F. Steger (Hrsg.), *Prinzipienethik in der Biomedizin: Moralphilosophie und medizinische Praxis* (pp. 11–47). Frankfurt, New York: Campus.

Rief, W. & Glombiewski, J.A. (2016). Erwartungsfokussierte Psychotherapeutische Interventionen (EFPI). *Verhaltenstherapie, 26,* 47–54. http://doi.org/10.1159/000442374

Rodolfa, E., Hall, T., Holms, V., Davena, A., Komatz, D., Antunez, M. & Hall, A. (1994). The management of sexual feelings in therapy. *Professional Psychology: Research and Practice, 25,* 168–172. http://doi.org/10.1037/0735-7028.25.2.168

Rudolf, G. & Schulte, D. (2006). Gutachten zur wissenschaftlichen Anerkennung der EMDR-Methode (Eye-Movement-Desensitization and Reprocessing) zur Behandlung der Posttraumatischen Belastungsstörung. *Deutsches Ärzteblatt, 103* (37), A2417–2420.

Rüger, U. & Reimer, C. (2010). Ethical problems in psychotherapy. In H. Helmchen & R. Sartorius (Eds.), *Ethics in psychiatry* (European contributions. International Library of Ethics, Law, and the New Medicine, Vol. 45, pp. 281–297). Dordrecht: Springer.

Schweizerische Akademie der Medizinischen Wissenschaften (SAMW). (2013). *Rechtliche Grundlagen im medizinischen Alltag. Ein Leitfaden für die Praxis.* Basel: SAMW.

Schweizerische Akademie der Medizinischen Wissenschaften (SAMW). (2015). *Zwangsmaßnahmen in der Medizin: Medizin-ethische Richtlinien.* Bern: SAMW.

Somer, E. & Saadon, M. (1999). Therapist-client sex: Clients' retrospective reports. *Professional Psychology, 30,* 504–509. http://doi.org/10.1037/0735-7028.30.5.504

Stenzel, C. L. & Rupert, P. A. (2004). Psychologists' use of touch in individual psychotherapy. *Psychotherapy: Theory, Research, Practice, and Training, 41,* 332–345. http://doi.org/10.1037/0033-3204.41.3.332

Sue, D. W. & Sue, D. (2007). *Counseling the culturally diverse: Theory and practice* (5th ed.). New York: Wiley.

Tannsjo, T. (2004) The convention on human rights and biomedicine and the use of coercion in psychiatry. *Journal of Medical Ethics, 30,* 430–434. http://doi.org/10.1136/jme.2002.000703

Tirnauer, L., Smith, E. & Foster, P. (1996). The American Academy of Psychotherapists research committee survey of members. *Voices, 32* (2), 87–94.

Trachsel, M. & Gaab, J. (2016). Disclosure of incidental constituents of psychotherapy as a moral obligation for psychiatrists and psychotherapists. *Journal of Medical Ethics, 42,* 493–495. http://doi.org/10.1136/medethics-2015-102986

Trachsel, M., grosse Holtforth, M., Biller-Andorno, N. & Appelbaum, P. S. (2015). Informed consent for psychotherapy: still not routine. *The Lancet Psychiatry, 2,* 775–777. http://doi.org/10.1016/S2215-0366(15)00318-1

Trachsel, M., Hermann, H. & Biller-Andorno, N. (2014). Urteilsfähigkeit: Ethische Relevanz, konzeptuelle Herausforderung und ärztliche Beurteilung. *Swiss Medical Forum, 14* (11), 221–225.

Trachsel, M., Hermann, H. & Biller-Andorno, N. (2015). Cognitive fluctuations as a challenge for the assessment of decision-making capacity in patients with dementia. *American Journal of Alzheimer's Disease and Other Dementias, 30* (4), 360–363.

Tuttle, A. H., Tohyama, S., Ramsay, T., Kimmelman, J., Schweinhardt, P., Bennett, G. J. & Mogil, J. S. (2015). Increasing placebo responses over time in U.S. clinical trials of neuropathic pain. *Pain, 156,* 2616–2626. http://doi.org/10.1097/j.pain.0000000000000333

UN Convention on the Rights of Persons with Disabilities (UN-CRPD) (2006). *Convention on the Rights of Persons with Disabilities.* Retrieved 2018, April 18, from http://un.org/disabilities/documents/convention/convoptprot-e.pdf

Wallsten, T., Ostman, M., Sjöberg, R. L. & Kjellin, L. (2008). Patients' and next-of-kins' attitudes towards compulsory psychiatric care. *Nordic Journal of Psychiatry, 62,* 444–449.

Wampold, B. E. & Imel, Z. E. (2015). *The Great Psychotherapy Debate: Models, Methods, and Findings* (2. Aufl.). New York: Routledge.

Weissman, M.M. (2006). A brief history of interpersonal Psychotherapy. *Psychiatric Annals, 36* (8), 553–557.

Welfel, E.R. (2013). *Ethics in counseling and psychotherapy* (5th ed.). Boston, MA: Brooks/Cole.

Widdershoven, G. & Berghmans, R. (2007). Coercion and pressure in psychiatry: lessons from Ulysses. *Journal of Medical Ethics, 33,* 560–563. http://doi.org/10.1136/jme.2005.015545

Woodworth, R.J., O'Brien-Malone, A., Diamond, M.R. & Schüz, B. (2016). Web-based positive psychology interventions: A reexamination of effectiveness. *Journal of Clinical Psychology, 73* (3), 218–232. http://doi.org/10.1002/jclp.22328

World Psychiatric Association (WPA). (2002). *Madrid declaration on ethical standards for psychiatric practice.* Zugriff am 5. Oktober 2016. Verfügbar unter http://www.wpanet.org/detail.php?section_id=5&content_id=48

Younggren, J.N. & Harris, E.A. (2008). Can you keep a secret? Confidentiality in psychotherapy. *Journal of Clinical Psychology, 64* (5), 589–600.

Zinn, H. (1968). *Disobedience and democracy: Nine fallacies on law and order*. New York: Random House.

14 Anhang

Verzeichnis berufsethischer Richtlinien und Kodizes

- Deutsche Bundespsychotherapeutenkammer (BPtK). (2007). Muster-Berufsordnung für die Psychologischen Psychotherapeutinnen und Psychotherapeuten und Kinder- und Jugendlichenpsychotherapeutinnen und Kinder- und Jugendlichenpsychotherapeuten. Berlin: BPtK. http://www.bptk.de/uploads/media/20060117_musterberufsordnung.pdf (zuletzt abgerufen am 8. Oktober 2016).
- Deutsche Gesellschaft für Psychologie (DGPs) und Berufsverband Deutsche Psychologinnen und Psychologen (BDP). (2005). *Berufsethische Richtlinien.* Zugriff am 8. Oktober 2016. Verfügbar unter http://www.bdp-verband.org/bdp/verband/ethik.shtml (Fassung 2016)
- European Federation of Psychologists' Associations (EFPA). (2005). *Meta Code of Ethics.* Brüssel: EFPA. Retrieved 2016, October 8, from http://www.efpa.eu/ethics/meta-code-of-ethics-
- Föderation der Schweizer Psychologinnen und Psychologen (FSP). (2011). Berufsordnung. Bern, Schweiz: FSP. Zugriff am 8. Oktober 2016. Verfügbar unter https://www.psychologie.ch/politik-recht/berufsethik/berufsordnung-der-fsp/
- Österreichischer Bundesverband für Psychotherapie (ÖBVP). (2012). Berufskodex für Psychotherapeutinnen und Psychotherapeuten des Österreichischen Bundesministeriums für Gesundheit und Frauen. Wien, Österreich: Bundesministerium für Gesundheit und Frauen. Zugriff am 8. Oktober 2016. Verfügbar unter https://www.psychotherapie.at/oebvp/berufsethik (zudem verfügbar unter https://www.bmgf.gv.at/cms/home/attachments/7/0/5/CH1002/CMS1415709133783/berufskodex_psychotherapie.pdf [Fassung 2017])